영적 제자도

❙ 국제제자훈련원은 건강한 교회를 꿈꾸는 목회의 동반자로서 제자 삼는 사역을 중심으로 성경적 목회 모델을 제시함으로 세계 교회를 섬기는 전문 사역 기관입니다.

모든 그리스도인을 위한 신앙원칙

영적 제자도

초판 1쇄 발행 2010년 1월 11일
초판 11쇄 발행 2024년 1월 25일

지은이 J. 오스왈드 샌더스
옮긴이 안정임

펴낸이 오정현
펴낸곳 국제제자훈련원
등록번호 제2013-000170호(2013년 9월 25일)
주소 서울시 서초구 효령로 68길 98(서초동)
전화 02)3489-4300　**팩스** 02)3489-4329
이메일 dmipress@sarang.org .

ISBN 978-89-5731-443-2 03230

※ 책값은 뒤표지에 있습니다. 잘못된 책은 구입하신 곳에서 교환해드립니다.

J. 오스왈드 샌더스의
영적 제자도

J. 오스왈드 샌더스 지음 | 안정임 옮김

SPIRITUAL DISCIPLESHIP
모든 그리스도인을 위한 **신앙원칙**

This book was first published in the United States by Moody Publishers,
820 N. LaSalle Blvd., Chicago, IL 60610 with the title *Spiritual Discipleship*.
Copyright © 1990, 1994 by the Moody Bible Institute of Chicago.
Originally published as Shoe-Leather Commitment. Translated by permission.
All rights reserved.
Korean Edition Copyright © 2010 by DMI Press, Seoul, Republic of Korea
Translated and used by permission of Moody Publishers through arrangement of rMaeng2,
Seoul, Republic of Korea.

본 저작물의 한국어판 저작권은 알맹2 에이전시를 통하여
Moody Publishers와 독점 계약한 도서출판 국제제자훈련원에 있습니다.
신 저작권법에 의하여 한국 내에서 보호받는 저작물이므로 무단전재와 무단복제를 금합니다.

| 머리말 |

예수님이 세계복음화를 염두에 두고 선택한 사람들에게 가장 먼저 주신 사명은 제자가 되라는 것이었다.

"갈릴리 해변으로 지나가시다가 시몬과 그 형제 안드레가 바다에 그물 던지는 것을 보시니 그들은 어부라 예수께서 이르시되 나를 따라오라 내가 너희로 사람을 낚는 어부가 되게 하리라 하시니" 막 1:16-17.

예수님의 카리스마가 빛을 발하여 그들은 곧장 그물을 버려 두고 예수님을 따랐다 막 1:18. 그 뒤에도 예수님은 같은 방법으로 사람들을 불러 자신의 제자로 삼으셨다.

죽음에서 부활하시고 하늘로 승천하기에 앞서 예수님은 그들에게 또한 우리에게 다음과 같은 명령을 내리셨다. "너희는 가서 모든 민족을 제자로 삼아라." 그 명령에는 "내가 세상 끝 날까지 너희와 항상 함께 있으리라"는 약속이 뒷받침되었다 마 28:19-20. 이것이 바로 교회가 해야 할 진정한 사명이며 역할이다. 주님의 복음을 전 세계에 전하는 것이야말로 모든 교회의 특권이며 책임이다.

제자도는 오늘날 교회에서 비중 있게 다루는 성경공부 주제 중의 하나다. 제자도에 관한 세미나가 차지하는 비중을 보면 중요한 주제라는 사실에는 의문의 여지가 없다. 그러나 예수님이 원하시는 제자도, 예수님이 몸소 보여 주신 제자도를 과연 우리 그리스도인들이 제대로 삶 속에 실천하고 있는지는 의문이다. 제자도에 관한 성경적 원칙을 아는 것도 중요하지만, 더 중요한 것은 그 원칙들을 실제의 삶에 적용하여 그대로 살아가는 것이다.

신약 성경 전체에 걸쳐 '제자'라는 단어는 총 269회나 등장하는 반면 '그리스도인'은 단 3회, '신자들'은 단 2회밖에 언급되지 않았다. 교회는 '그리스도인들'과 '신자들'만 만들려고 노력하지 말고 '제자들'을 만드는 데에 집중해야 한다. 제자는 먼저 그리스도인이고 신자이어야 한다. 그러나 예수님이 말씀하시는 제자의 조건에 의하면 그리스도인이라고 해서 무조건 제자가 되는 것은 아니다 눅 14:25-33.

'제자'라는 단어의 뜻은 '배우는 자, 학생'이지만 예수님은 그 단순한 단어에 더 깊고 심오한 의미를 부여하셨다. 예수님의 말씀과 사도 바울의 표현에 근거하면 '제자'는 곧 "그리스도의 가르침을 받아서 그 가르침을 믿을 뿐 아니라 삶 속에 실천하는 학생, 또는 배우는 자"이다. 한마디로 제자는 스승의 관점과 생활양식을 그대로 본받는 사람이다. 즉 배운 대로 따르기 위해 배우는 것이다. 그러기 위해서는 신중한 선택, 확실한 자기 부인, 의지적인 순종이 필요하다.

요즘에는 제자로 성숙해 가는 모습을 보이지 않으면서도 자신이 그리스도인이라고 자처하는 사람들이 많다. 초대교회는 그러지 않았다. 언젠가 베드로는 예수님께 이렇게 말했다. "우리가 모든 것을 버리고 주를 따랐나이다"막 10:28. 적어도 그 정도의 헌신과 충성심이 있어야 한다.

현대 사회의 병폐는 즉각적인 만족을 추구하고 변덕이 심하다는 것이다. 최소한의 노력과 희생으로 최대한의 기도응답과 빠른 결과를 보기 원한다. 그러나 쉽고 빠르게 제자가 되는 길은 이 세상에 없다. 한순간의 결심으로 제자의 길에 들어선 사람도 있겠으나 그 길은 평생을 묵묵히 걸어가야 하는 길임을 명심해야 한다. '단기 제자'란 존재할 수 없다.

소위 '행복 신앙' 교리에 물든 사람이라면 그리스도의 가르침이 지나치게 비현실적이라는 생각을 할지도 모르겠다. 그런 사람들은 잠시 제자도의 길을 걷다가 조금만 가파르고 험난한 길이 나오면 요한복음 6장 66절에 나오는 대로 행동할 것이다. "그때부터 그의 제자 중에서 많은 사람이 떠나가고 다시 그와 함께 다니지 아니하더라." 예수님은 뒤돌아서지 않을 사람들을 찾고 계신다.

이 책은 제자도의 기술적인 부분이 아닌 제자도의 기본원칙들을 중점적으로 다루었다. 그러한 기본원칙들은 제자의 일상생활 속에서 드러나야 한다. 아울러 제자의 삶을 살려다가 실패했던 사람들을 향한 권고의 말도 덧붙였다.

Contents

머리말 _ 5

1. 이상적인 제자 _ 11
2. 제자의 조건 _ 21
3. 제자의 증거 _ 35
4. 제자의 시험 _ 47
5. 제자의 주인 _ 59
6. 제자의 동역자 _ 73
7. 제자의 섬김 _ 87
8. 제자의 야망 _ 97
9. 제자의 사랑 _ 109
10. 제자의 영적 성숙 _ 119
11. 제자의 올림픽 _ 133

12. 제자의 긍휼 _ 147

13. 제자의 기도생활 _ 159

14. 제자의 권리 _ 171

15. 제자의 본보기 _ 185

16. 제자의 외로움 _ 201

17. 제자의 인생역전 _ 213

18. 제자의 재신임 _ 227

19. 제자의 능력 _ 239

20. 제자의 소망 _ 249

소그룹 성경공부 안내서 _ 261

1
이상적인 제자

"복이 있나니…"
_ 마태복음 5:11

옛언약을 담고 있는 구약의 맨 마지막 단어가 '저주'인데 반해 새언약 아래 기록된 예수님의 첫 번째 설교가 '복'으로 시작된다는 사실을 단순한 우연으로 보기는 어려울 것 같다. 복이라는 말은 하나님 나라에서 가장 중요한 핵심 단어다.

구약의 옛언약은 율법을 지키지 않는 사람을 향해 저주를 선고하는 데 그쳤다. 그러나 예수님의 보혈로 이루어진 새언약은 율법의 의무를 약화하지 않으면서도 그 계명을 지키려는 욕구와 마음가짐을 높여 주었다. 과거에는 '너는 이것을 하라', '너는 이것을 하지 말아라'고 명령했다면 신약에 와서는 '제가 그렇게 하겠습니다', '제가 그렇게 하지 않겠습니다'로 바뀐 것이다.

예수님은 산상수훈 마 5:3-12을 말씀하시면서 하나님 나라라는 이상적인 주제의 특징을 설명하셨다. 그 특징은 하나님 나라를 이야기하셨던 예수님의 삶과 인격 속에 고스란히 배어 있었다. 그러므로 하나님 나라의 특징들을 하나 하나 예수님의 삶과 사역에 대입시켜 보는 것도 매우 흥미로운 일이 아닐 수 없다.

예수님이 말씀하신 산상수훈은 원래 그분의 제자들에게 하신 말씀이었지만 주변에 몰려 있던 수많은 군중도 그 말씀을 들었다. "예수께서 무리를 보시고 산에 올라가 앉으시니 제자들이 나아온지라"마 5:1. 따라서 산상수훈은 일차적으로 제자들에게 하셨던 말씀이었다.

예수님은 남에게 잘 보이려고 체면치레하는 세태에서 벗어나 고차원의 숭고한 삶을 살라고 말씀하셨다. 그분이 제시한 기준은 너무 높아서 어느 누구도 산상수훈의 말씀대로 살기가 불가능한 것처럼 생각되었다. 산상수훈의 말씀은 그 자체로도 파격적이었지만 특히 복에 대한 말씀은 일반적인 복이나 행복에 대한 개념과 정면으로 대치하는 것이었다.

사람들은 흔히 돈이 많거나, 우환이나 걱정이 없거나, 건강하거나, 직업이 좋거나, 원하는 것을 얼마든지 가질 수 있거나, 다른 사람들로부터 인기와 사랑을 독차지하면 그것이 복 받은 것이라고 생각한다. 하지만 예수님은 그런 통념을 완전히 뒤집는 전혀 다른 개념의 복과 행복을 말씀하셨다. 인간이면 누구나 기피하고 싶은 가난, 애통, 굶주림, 갈증, 포기, 핍박 등도 진정한 복의 요건이 된다고 하신 것이다.

산상수훈에 나오는 "복이 있나니"라는 표현은 '행복하나니' 또는 '부러움을 받으리니, 축하를 받으리니' 라는 뜻으로도 해석할 수 있다.

인간의 삶을 두 가지 영역으로 나누었을 때 다음의 여덟 가지 조건하에서 그처럼 복을 받는다는 것이다.

네 가지 개인적 특징

예수님은 다음과 같은 네 가지 개인적 특징을 가진 사람이 복을 받을 것이라고 말씀하셨다.

영적인 가난. "심령이 가난한 자는 복이 있나니 천국이 그들의 것임이요"마 5:3. 이 말씀은 '자신이 부족하다고 여기는 사람은 행복하나니!'라는 뜻으로도 해석할 수 있다.

물론 실제로 자신이 부족하다고 여기는 사람에게 그 말은 전혀 위로가 되지 않을지도 모른다. 다만 이 구절은 영적인 가난을 의미하는 것이지 주머니의 가난을 의미하는 것은 아니다. 경제적으로 궁핍하다는 것은 절대 그 자체로 미덕이 아니며 무조건적인 복은 더더욱 아니다.

헬라어에는 '가난한 사람'을 뜻하는 두 가지 단어가 있다. 그 중 하나는 아무것도 풍족하지 못한 사람을 의미하고, 다른 하나는 가진 것이 아무것도 없는 완전한 빈털터리를 의미한다. 예수님은 두 번째 단어를 사용하셨다. 그렇다면 그 의도는 분명해진다. 자신이 영적으로 완전히 빈털터리임을 깨닫고 오로지 하나님을 의지하며 그분으로부터 필요한 것을 공급받는 사람이 복을 받는다는 것이다. 마르틴 루터는 이렇게 말했다. "우리는 모두 하나님의 은혜에 의지해 살아가는 거지다." 바로 그러한 가난함이 영적 풍요로움으로 이어지는 것이다. "천국이 그들의 것임이요."

심령의 애통함. "애통하는 자는 복이 있나니 그들이 위로를 받을 것임이요"마 5:4. 이것을 다른 말로 하면 '회개하는 자는 행복하나니!' 이다.

이 또한 모순되는 말이다. 마치 '불행한 사람은 행복하나니!' 라고 말하는 것과 같다. 심령의 애통함은 복 시리즈의 첫 번째인 영적 가난함을 소유한 사람에게서 나오는 파생물이다. 애통이란 단순한 상실감이 아니다. '애통'이라는 단어에는 깊은 슬픔과 애도의 마음이 들어 있다. 자신이 저지른 죄와 잘못에 대해 슬퍼하고 예수 그리스도를 제대로 닮지 못한 미성숙을 슬퍼하는 것이다. 즉 영적인 파산에 대한 슬픔이다.

그리스도인들은 대체로 두 가지 착각을 하는 경향이 있다. 첫 번째는 그리스도인이라면 웃고 행복해서는 안 된다는 것이고 두 번째는 그리스도인이라면 항상 웃고 행복해야 된다는 것이다. 성경의 현자는 이렇게 이야기했다. "범사에 기한이 있고 천하만사가 다 때가 있나니…울 때가 있고 웃을 때가 있으며 슬퍼할 때가 있고 춤출 때가 있으며"전 3:1, 4.

슬픔을 경험한 사람만이 진정으로 성숙할 수 있다. 제자는 살면서 짓는 온갖 죄 이외에도 인격 성숙이 더디고 신앙적 깨달음이 부족한 면에 대해서도 애통할 줄 알아야 한다.

애통함과 복은 절대 별개의 것이 아니다. 예수님은 이렇게 말씀하셨다. "지금 우는 자는 복이 있나니 너희가 웃을 것임이요"눅 6:21. 복은 하나님이 주시는 위로 속에 들어 있는 것이지 애통함 자체에 들어 있는 것이 아니다. "그들이 위로를 받을 것임이요."

영적 겸손. "온유한 자는 복이 있나니 그들이 땅을 기업으로 받을 것임이요"마 5:5. 이 말은 '겸손한 자는 행복하나니!' 로도 풀이 된다.

겸손은 침침하고 잿빛의 세상에 피어난 특이한 꽃과 같다. 이 땅에서 자생하는 꽃이 아니며 누구도 별로 자랑거리로 삼지 않는 꽃이다.

'온유'라는 단어는 단순히 착하거나 성격이 온순하다는 뜻이 아니다. 어린이 찬양에 '온순하고 온유하신 예수님'이라는 가사는 원래의 뜻과는 다르다. 예수님은 온유하셨지만 온순하지는 않으셨다. 이 찬양의 가사를 듣고 있으면 예수님이 마치 마음이 여리고 무능한 분인 듯한 인상을 받게 된다. 하지만 예수님은 그와 정반대의 분이었다.

손에 채찍을 들고 홀로 파렴치한 장사꾼들과 맞서 양과 소들을 성전에서 몰아내는 예수님의 모습을 보며 과연 온순하다고 말할 수 있을까? 줏대 없고 비굴한 모습은 예수님과 거리가 멀었다. 예수님이 제자들에게 사람들이 자신을 무엇이라고 하느냐고 물었을 때에 제자들은 "어떤 사람들은 엘리야라 하고 어떤 사람들은 세례요한이라고 합니다"라고 대답했다. 엘리야와 세례요한 모두 성경에서 괄괄한 성격의 대표적인 사람들이 아니던가! '온유'라는 단어는 원래 길들인 말에게 사용했던 단어였다. 넘치는 힘과 능력을 소신 있게 절제해서 사용한다는 의미였다.

요한계시록에 보면 천국에서 일곱 명의 천사들이 모세의 노래와 어린양의 노래를 부르는 장면이 나온다계 15:3. 모세는 세상에서 가장 온유한 사람이었고 예수님은 "나는 온유하고 겸손하니"라고 말씀하셨던 분이다. 하지만 하나님의 뜻이 좌절될 위기에 처했을 때 두 사람 모두

의분을 폭발시켰다. 온유함은 절대로 줏대 없이 고분고분하다는 의미가 아니다.

겸손이라는 미덕은 이 세상의 가치관에 정면 도전장을 내민다. 세상은 '너의 권리를 주장하라!'로 목에 핏대를 세우고 '얻으려고 하면 이 세상은 너의 것이다'라고 외친다. 반면에 예수님은 포기할 때 이 세상이 우리 것이 된다고 말씀하신다. 과격한 자가 아니라 온유한 자가 땅을 유업으로 얻는다고 했다. 온유한 자에게는 유업이 있다. 그러나 세상을 쫓아가는 사람에게는 미래가 없다. "그들이 땅을 기업으로 받을 것임이요."

영적 갈망. "의에 주리고 목마른 자는 복이 있나니 그들이 배부를 것임이요."마 5:6. 다시 말해서 '채움을 받지 못한 사람은 행복하나니!'라는 뜻이다.

여기에서 약속된 복은 막연한 동경이나 시큰둥한 기대 따위를 가진 사람을 향한 게 아니다. 간절하고도 열렬한 갈망을 가진 사람에게 약속된 것이다. 그 갈망은 단순히 행복해지기 위한 갈망이 아니라 의에 대한, 하나님과의 올바른 관계를 향한 절절한 갈망이다. 진정으로 복 받은 사람은 하나님이 주시는 복보다 하나님 그분에 대해 굶주리고 목마른 사람이다. 다윗은 바로 그런 갈망을 가진 사람이었다. "하나님이여 사슴이 시냇물을 찾기에 갈급함같이 내 영혼이 주를 찾기에 갈급하니이다"시 42:1.

행복은 거룩함의 부산물이라는 사실을 많은 사람들이 발견하고 즐거워했다. 따라서 우리는 '거룩해지려 노력하자'라고 해야 한다. 하나님은 자녀들의 거룩한 갈망을 전부 채워 주기를 원하신다. "그들이 배부를 것임이요."

네 가지 사회적 특징

이상적인 제자는 다음과 같은 네 가지 사회적 특징을 지닌다.

영의 긍휼함. "긍휼히 여기는 자는 복이 있나니 그들이 긍휼히 여김을 받을 것임이요"마 5:7. 즉 '긍휼히 여기는 자는 행복하나니!'라는 말이다.

받을 자격이 없는 대상에게 은혜를 베풀어 주는 것이 긍휼이다. 만일 그 대상이 받을 자격이 있는 사람이라면 그것은 긍휼이 아니라 정의가 된다.

의로움을 갈망하는 사람일지라도 자비와 관용의 미덕을 갖추지 못하는 경우가 있다. 긍휼이란 다른 사람의 상황에 들어가서 그 사람이 처한 곤경과 문제에 대해 동정심을 느끼는 것을 말한다. 온유함과 마찬가지로 긍휼함도 그리스도인의 미덕에 해당한다. 천성적으로 인간은 남을 동정하기보다 비난을 하려는 경향이 있다.

불쌍히 여기는 것은 어찌 보면 소극적이다. 그러나 진정한 긍휼은 감정만이 아니라 행동에 돌입하는 것이다. 죄를 옹호하지 않으면서 죄로 인해 빚어진 결과를 만회시키려 노력한다. 긍휼한 사람은 죄지은 사람에게 다시 시작하도록 용기를 불어넣어 준다.

우리의 삶은 우리가 갖고 있는 가치관과 태도를 반영한다. 물리학에서의 작용과 반작용의 법칙처럼 긍휼한 사람은 긍휼히 여김을 받을 것이고 긍휼히 여김을 받은 사람이 긍휼을 베풀게 될 것이다. "그들이 긍휼히 여김을 받을 것임이요."

마음의 청결함. "마음이 청결한 자는 복이 있나니 그들이 하나님을 볼 것임이요" 마 5:8. 즉 '진실한 자는 행복하나니!' 라는 뜻이다.

마음이 깨끗하면 보는 눈이 깨끗해진다. 8절에서는 외적인 존경스러움과 대조를 이루는 내적인 순수함에 대해 강조한다. 아무리 명석하고 뛰어난 사람일지라도 마음의 청결함이 결여되었다면 하나님을 보는 계시의 눈은 허락되지 않을 것이다. 계시의 눈은 지적인 개념도, 육안의 능력도 아닌 도덕적이며 영적인 눈을 의미한다. 죄는 영적인 눈을 가리는 안개다. 8절에 나오는 '청결'이라는 단어는 '다른 것이 섞이지 않은, 혼합되지 않은, 위선이 없고 진실한'을 의미한다. "그들이 하나님을 볼 것임이요."

영의 화합능력. "화평하게 하는 자는 복이 있나니 그들이 하나님의 아들이라 일컬음을 받을 것임이요" 마 5:9. 즉, '연합하게 만드는 자는 행복하나니!' 라는 뜻이다.

이 구절에서 말하는 복은 평화주의자에게만 해당하는 것이 아니다. 기존의 평화를 유지시키는 사람이 아니라, 평화가 깨진 상황 속에 들어가서 평화를 이루어내는 사람을 말하는 것이다. 즉 평화주의자라기보다 화해주의자라고 하는 편이 더 정확하다.

평화가 깨진 상황에서는 보통 화해주의자 자신의 희생이 있어야 평화가 만들어진다. 우리 주님도 마찬가지였다. 십자가 위에서 흘린 보혈의 피로 평화를 이루어 주셨다. 자신의 평화가 깨어지는 것을 감내했기에 이루어진 결과였다. 제자는 예수님의 발자취를 따라가는 사람이다. 평화를 사랑하는 것은 바람직한 일이지만 평화를 이루어내는 일은 그보다 더욱 훌륭한 일이다. "그들이 하나님의 아들이라 일컬음을 받을 것임이요."

변함없는 충성심. "의를 위하여 박해를 받은 자는 복이 있나니 천국이 그들의 것임이라 나로 말미암아 너희를 욕하고 박해하고 거짓으로 너희를 거슬러 모든 악한 말을 할 때에는 너희에게 복이 있나니"마 5:10-11. 다시 말해 '그리스도를 위해 고난 받는 사람은 행복하나니!' 라는 뜻이다.

예수님이 당했던 일들을 우리 제자들도 당하게 될 것이다. 그러나 제자가 받는 모욕과 악담과 상처와 박해마저 복으로 작용하게 될 것이다. 박해 그 자체가 아니라 박해가 가져오는 하나님의 보상이 복이라는 말이다.

10절에 나오는 동사의 시제가 그러한 뜻을 잘 전달해 준다. '박해를 받아온 사람들은 복이 있나니.' 복은 박해에서 비롯된 결과이고 기독교 신앙의 진위를 가려내는 것이 고난이다. "의를 위하여 고난을 받으면 복 있는 자니"벧전 3:14.

그러나 그리스도인이 박해 받는다고 자동적으로 복을 받는 것은 아니다. 때로는 현명하지 못하게 처신하거나 잘못을 저질러서 박해를 자초하는 경우도 있다. 박해가 복이 되기 위해서는 다음의 세 가지 조건을 갖추어야 한다.

첫째, 자신의 모난 행동이나, 광신도적 행동이나, 무분별한 행동 때문에 받는 박해가 아니라 의를 위해 받는 박해이어야 한다.

둘째, 사람들의 악담과 비난을 듣는 경우에는 그 이야기에 아무 근거가 없어야 한다. 자신이 실제로 저지른 잘못과 죄로 인해 비난을 들어서는 안 된다.

셋째, 그리스도를 위한 것이어야 한다. 주님에 대한 사랑과 충성심에서 비롯된 고난이어야 한다.

"하늘에서 너희의 상이 큼이라."

묵상을 · 위한 · 질문

1. 구약은 '저주'의 말씀을, 신약은 '복'의 말씀을 전한다는 사실에 대해 어떻게 생각하는가?

2. 산상수훈의 네 가지 개인적 특징을 보면서 자신은 그 분야에서 어느 정도 성숙했는지 1에서 10까지 각각 점수를 매겨 보라.

3. 산상수훈의 네 가지 사회적 특징 중에서 당신이 그냥 지나치고 싶은 것은 무엇인가? 그 이유는?

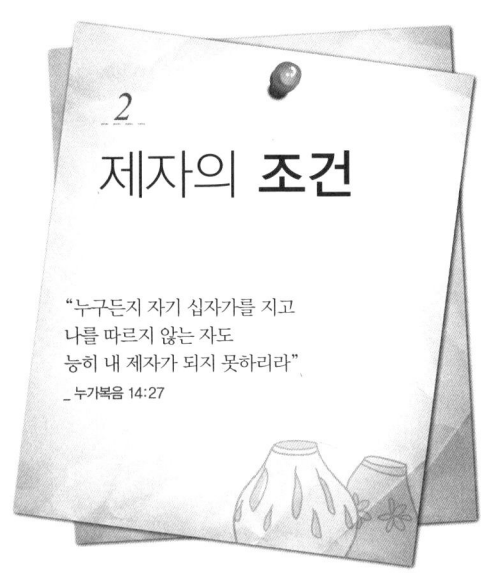

2
제자의 조건

"누구든지 자기 십자가를 지고
나를 따르지 않는 자도
능히 내 제자가 되지 못하리라"
_ 누가복음 14:27

언제나 그렇듯 그날도 수많은 군중이 예수님 주위를 에워싸고 한마디 말이라도 놓칠 새라 그분의 입에서 나오는 말씀에 귀를 쫑긋 세우고 있었다. "수많은 무리가 함께 갈새 예수께서 돌이키사 이르시되"눅 14:25. 사람들은 새로운 가르침에 신기한 표정을 지으며 예수님의 말씀에 빨려들어 갔다. 당시는 예수님의 인기가 하늘을 찌를 때였다.

이스라엘 사람들의 열광적인 지지를 한 몸에 받을 수 있는 절호의 기회가 예수님 앞에 놓여 있었다. 로마의 식민통치를 종식시킬 탁월한 지도자를 온 나라가 애타게 찾고 있던 터였다. 그런데 이제 더 이상 적임자가 없을 정도로 뛰어난 한 사람이 그들 앞에 나타난 것이다. 획기적인 기적 몇 가지만 일으켜 준다면 예수님은 충분히 그들의 독립운동을 이끌 주동자가 될 수 있었다.

그래서 예수님은 그들에게 아첨을 하고, 마음을 현혹시키고, 기적 몇 개 일으켜서 그들의 환심을 사려고 애쓰셨는가? 아니다. 오히려 그들의 관심사를 외면하셨고 심지어 자신을 따르지 못하도록 저지하셨다. 예수님은 제자가 되기 위한 조건이 무엇인지를 분명하게 정의하시면서 그들의 허황된 기대에 일침을 가하셨다.

수많은 군중 앞에서 예수님이 던진 한마디는 오늘날 우리가 하는 전도대회의 모습과는 완전히 딴판이었다. 자신의 제자로서 누릴 수 있는 복과 혜택, 신바람과 보람, 모험과 유익에 대해 광고하기는커녕 예수님은 제자로서 부딪쳐야 할 어려움과 위험, 희생에 대해 더 많이 말씀하셨다. 예수님은 자신의 제자가 되었을 때 치러야 할 대가가 매우 크다고 말씀하셨고 절대로 십자가의 희생을 감추지 않으셨다.

로버트 브라우닝Robert Browning은 예수님의 그러한 말씀을 토대로 다음과 같은 시를 지었다.

그리스도인이 되기는 얼마나 어려운가!
나도 그대도 힘들다네.
현실에서 실천하는 것만이 아니라
가장 높은 목표에 도달해야 하니까.
완전하고도 모자람이 없도록
그게 인간의 목적이니까.
그래서 항상 어려운 것이라네.

전 세계 어느 시대를 막론하고 사람들은 적당히 타협한 지도자가 아니라 불의에 맞서 싸운 용감한 지도자들에게 찬사와 각광을 보냈다. 사리사욕만 챙기는 지도자는 절대로 민심을 얻지 못한다.
　제2차 세계대전이 발발한 초기에 독일은 프랑스를 침공했다. 최신식 무기로 무장한 독일군의 거침없는 침공에 프랑스는 맥없이 무너져 내렸다. 홀로 남은 대영제국은 보잘것없는 군사력으로 독일군을 상대해야 하는 난관에 처했다. 그와 같은 절체절명의 순간에 윈스턴 처칠 수상은 영국민을 향해 위대한 연설을 했다. 필자 역시 그의 연설을 지금까지도 기억한다. 처칠 수상은 영국의 부족한 무기현황과 허약한 방어력을 이야기하면서 조만간 독일의 침공이 이루어질지도 모른다고 나라의 위급한 상황을 전했다. 부드러운 말로 국민의 마음을 안심시키는 반면 위급한 상황에서 모든 국민이 합심해 맞서자고 힘주어 말했다.

"우리는 거리에서도 그들과 싸울 것이고,
해변에서도 싸울 것입니다….
제가 여러분에게 요구하는 것은 피와 땀과 눈물입니다."

　처칠 수상의 연설은 영국민들에게 좌절을 주기는커녕 온 나라가 힘을 뭉쳐 초인적인 노력을 발휘하게 만들었고 결국 전쟁의 승리를 가져오는 결과를 낳았다.
　예수님은 왜 그토록 강경한 어조로 말씀하신 걸까? 제자가 되기 위한 조건을 조금만 더 유연하게 말씀하셨다면 더 많은 군중이 예수님의 뒤를 따르지 않았을까? 그러나 예수님은 그렇게 하지 않으셨다. 그분은 정말로 제자로서의 자질을 갖춘 사람들을 찾고 계셨다. 제자들의 숫자는 그분의 관심사가 아니었다.

제자가 될 수 있는 조건을 말씀하시면서 예수님은 두 가지 예를 비유로 드셨다.

> "너희 중에 누가 망대를 세우고자 할진대 자기의 가진 것이 준공하기까지에 족할는지 먼저 앉아 그 비용을 계산하지 아니하겠느냐…또 어떤 임금이 다른 임금과 싸우러 갈 때에 먼저 앉아 일만 명으로써 저 이만 명을 거느리고 오는 자를 대적할 수 있을까 헤아리지 아니하겠느냐" 눅 14:28, 31.

예수님이 이런 비유를 드신 이유는 충동적으로 예수님을 따르거나 불순한 동기로 제자가 되는 것을 경계하기 위해서였다. 예수님 스스로도 비유에 나온 건축가처럼 건축하셨다. "내가 이 반석 위에 내 교회를 세우리니" 마 16:18. 또한 예수님은 비유에 등장한 임금처럼 사탄과 어둠의 영들과 치열한 전쟁을 벌이기도 하셨다.

건축과 전쟁의 비유에서 보듯이 예수님은 자신을 따르는 사람들이 제자로서의 자질을 갖춘 사람들이기를 바랐다. 싸움이 치열하다고 등을 돌리는 사람이어서는 곤란했던 것이다. 과연 우리는 그런 자질을 갖춘 제자들인가?

예수님이 전한 말씀의 핵심은 제자가 되라는 것이었다. 믿음만이 아니라 믿음과 순종을 겸비한 제자가 되라는 말씀이었다. 예수님은 다음과 같은 매우 심각한 결과를 예고하셨다. "나더러 주여 주여 하는 자마다 다 천국에 들어갈 것이 아니요 다만 하늘에 계신 내 아버지의 뜻대로 행하는 자라야 들어가리라"마 7:21. 죄를 회개하고 주님을 믿는다는 증거는 순종이다. 순종을 해서 구원을 받는 것은 아니지만 구원받은 증거는 분명 순종이다.

현대 교회들은 회개에 대한 설교를 별로 안한다. 그러나 회개가 없으면 치유와 회복도 일어나지 않는다. 주님을 영접하는 기도를 했다거나 교인으로 등록했다는 이유만으로 자신의 삶에 별다른 변화가 없으면서도 구원을 받았다고 생각하는 사람들이 많다.

다시 한 번 강조하지만 '구원은 단순히 복음의 내용을 이해하거나 머리로 인정했다고 해서 끝나는 게 아니다. 회개와 순종, 말씀대로 따르겠다는 뜨거운 열정이 반드시 필요하다. 성경적인 구원의 개념에는 이 모든 면들이 포함되어 있다.' 십자가와 희생의 도에 대해 설교할 때 형식적인 믿음을 갖고 있는 교인들이 등을 돌리는 것은 사실이며 참으로 안타까운 노릇이 아닐 수 없다. 진정한 제자가 되기 위해서는 다음의 세 가지 조건이 필수적으로 충족되어야 한다.

맞수가 없는 사랑

제자가 되기 위한 첫 번째 조건은 예수님을 향한 맞수가 없는 사랑, 즉 일편단심의 사랑이다. 주님을 향한 제자의 사랑은 맞수가 있을 수 없다.

독자들도 이미 간파를 했겠지만 누가복음 *14장 25-33절*을 보면 "내 제자가 되지 못하리라"는 문장이 세 번 반복된다. 그 문장의 선행 구마다 제자가 되기 위한 조건이 제시되어 있는데 그 조건에는 예외가 없음을 보여 준다.

"무릇 내게 오는 자가 자기 부모와 처자와 형제와 자매와 더욱이 자기 목숨까지 미워하지 아니하면 **능히 내 제자가 되지 못하고**"26절.
"아버지나 어머니를 나보다 더 사랑하는 자는 내게 합당하지 아니하고 아들이나 딸을 나보다 더 사랑하는 자도 내게 합당하지 아니하며"마 10:37.

26절에 나오는 '미워하다'는 단어는 그동안 큰 오해와 논란을 불러일으켜 왔다. 예수님이 그 단어를 사용하셨을 때의 의미는 현대 사회가 통상적으로 사용하는 의미와 상당한 거리가 있었다.

예수님은 결코 한 입으로는 부모를 사랑하고 공경하라고 말하고 다른 입으로는 그들을 미워하라고 하신 것이 아니다. 다만 과장된 대조법을 사용하고 계신 것이다.

다시 말해 '미워하다'라는 말은 '덜 사랑하다'라는 뜻이다. 그리스도를 따르는 제자는 이 세상에서 사랑하는 어떤 대상보다 더 주님을 사랑해야 한다는 의미다.

하지만 우리가 예수님을 최고로 사랑한다고 해서 가족을 지금보다 덜 사랑하게 된다는 의미는 아니라는 점을 명심하기 바란다. 사실은 그

반대다. 우리가 예수님을 최고로 사랑하게 되면 사랑할 수 있는 역량의 폭이 훨씬 더 넓어진다. 로마서 5장 5절이 그 사실을 보여 주고 있다. "우리에게 주신 성령으로 말미암아 하나님의 사랑이 우리 마음에 부은 바 됨이니."

경우에 따라서는 어느 대상에게 충실해야 할지 갈등이 일어날 수도 있겠지만 제자라면 그 상황에서 누구를 향한 사랑이 우선되어야 하는가를 결정해야 한다.

중국내지선교회현재의 OMF 선교회가 중국에서 철수해야 하는 상황이 되었을 때 그들이 선택한 선교지 중의 하나는 태국이었다. 그들은 약 4백만 명의 인구를 가진 지방도시 몇 개를 선정해서 선교 대상으로 삼았다. 그곳은 교회나 선교사가 전혀 없는 지역이었다.

그 중 어느 마을에서 최초의 개종자가 생겼는데 그는 시무앙이라고 하는 고등학교 여학생이었다. 꽃이 태양을 향해 활짝 피어나듯 시무앙은 복음을 향해 마음의 문을 활짝 열었다. 그러나 문제는 독실한 불교신자인 부모에게 기독교를 믿게 되었다고 말해야 하는 일이었다. 결과는 불을 보듯 뻔했기 때문이었다.

망설임 끝에 시무앙은 어머니에게 그 사실을 이야기했다. 예상대로 시무앙의 어머니는 딸의 개종에 노발대발하면서 당장 기독교를 믿지 않겠다고 말하든지 아니면 집을 나가라고 소리쳤다. 어린 소녀로서 감당치 못할 시련이었다. 더욱이 그 마을에서 기독교를 믿는 사람은 자기 혼자밖에 없는 상황이었다. 시무앙의 고민은 이만저만이 아니었다. 주님께 일편단심의 사랑을 바치기 위해 부모와 형제자매를 '미워' 해야만 하는가? 결국 시무앙은 결단을 내리고 집을 나왔다. 주님은 그런 시무앙을 버리지 않으시고 몇 개월 후에 다시 집으로 돌아올 수 있게 해 주셨다.

또 한 가지 주목할 점은 '자기 목숨까지 미워하라'는 말이다. 그리스도를 향한 제자의 사랑은 자기 자신에 대한 사랑보다 우선되어야 한다. 제자는 심지어 자기 목숨도 아깝게 생각해서는 안 된다.

자기애自己愛는 영혼을 파괴하지만 그리스도에 대한 사랑은 영혼을 살찌운다. 만일 제자로서 이와 같은 조건을 만족시킬 각오가 되어 있지 않다면 그에게 해당하는 말은 단 한가지다. "능히 내 제자가 되지 못하고"26절.

지속적으로 십자가를 지라

"누구든지 자기 십자가를 지고 나를 따르지 않는 자도 **능히 내 제자가 되지 못하리라**"눅 14:27.

"또 자기 십자가를 지고 나를 따르지 않는 자도 **내게 합당하지 아니하니라**"마 10:38.

십자가를 지라는 예수님의 말씀이 무슨 뜻인지를 알기 위해서는 예수님 당시 사람들에게 그 말이 어떤 의미로 받아들여졌는지를 먼저 이해해야 한다.

예수님이 말씀하신 십자가는 대체 무엇인가? 그 말씀은 예수님이 십자가를 지고 돌아가시기 전에 하신 말씀이었다. 사람들은 흔히 육신의 장애나, 성격적인 결함이나, 가정 문제 등을 십자가라고 표현한다. 어떤 여인이 자신의 불같은 성격이 자기의 십자가라고 이야기하자 한 사람이 이렇게 대꾸했다. "아니죠. 당신과 함께 살아야 하는 그 불행한 사람들에게 십자가인 거죠."

예수님 당시 유대인들은 절대로 그러한 것들을 십자가라고 생각하지 않았을 것이다. 그저 일상사에서 흔히 일어나는 불행으로만 간주했을 것이다. 그들에게는 십자가 처형이 너무도 익숙한 장면이었다. 그렇기 때문에 십자가라고 하면 극렬한 고통과 죽음의 도구가 머릿속에 떠올랐을 것이다.

십자가는 예수님에게 어떤 의미를 지니고 있는가? 예수님은 누구의 강요를 받아서가 아니라 스스로 자발적으로 십자가를 지셨다. 십자가는 고통과 희생이었고, 값진 자아 포기였고, 세상에서의 버림 받음을 상징했다.

제자들이 항상 지고 가야 할 십자가는 바로 그와 같은 성격을 갖고 있다. 예수님을 위해 세상에서 따돌림당하고 무시당할 각오를 해야 한다. 세상의 기준을 따라 살면 쉽게 십자가를 피할 수 있다.

십자가를 지고 예수님을 따르는 삶에는 기쁨이 없을 것이라는 통념을 깨고 사무엘 루더포드 Samuel Rutherford는 다음과 같이 이야기했다. "예수님의 십자가를 보고서 기꺼이 지고 가겠다고 한 사람에게 그 무게는 새의 날개처럼 여겨질 것이다."

만일 제자로서 이와 같은 조건을 만족시킬 각오가 되어 있지 않다면 그에게 해당하는 말은 단 한가지다. "능히 내 제자가 되지 못하고"26절.

전적인 순종

"이와 같이 너희 중의 누구든지 자기의 모든 소유를 버리지 아니하면 능히 내 제자가 되지 못하리라"눅 14:33.

첫 번째 조건이 진실한 사랑에 관한 것이고 두 번째 조건이 인생을 사는 법에 대한 것이라면 세 번째 조건은 개인의 소유에 대한 것이다. 세 가지 조건 중에서 아마도 세 번째 조건이 물질만능주의를 살아가는 현대인들에게 가장 까다로운 조건이 되지 않을까 싶다. 예수님이 하신 말씀을 우리는 곧이곧대로 받아들여야 하는가? 정말 모든 소유를 버려야 할까?

예수님이 요구하신 것은 과연 무엇이었는가? 정말로 가진 것을 전부 팔아서 교회에 바치기를 바라시는가? 아니다. 우리가 가진 재산의 소유권에 대해 말씀하시는 것이라고 나는 생각한다. 우리는 주님이 주신 것을 맡고 있는 관리인일 뿐 소유주가 아니다.

"어떻게 하면 영생을 얻을 수 있습니까?"를 물었던 청년에게 예수님이 했던 시험도 그것이었다. "예수께서 이르시되 네가 온전하고자 할진대 가서 네 소유를 팔아 가난한 자들에게 주라 그리하면 하늘에서 보화가 네게 있으리라 그리고 와서 나를 따르라 하시니"마 19:21. 청년은 예수님과 소유 중 한 가지를 선택해야 했다. 결국 그는 자신의 재산을 포기하지 못해 시험을 통과하지 못했고 예수님의 제자가 되지 못했다. 예수님은 이 세상의 어떤 것보다 귀하고 소중한 분이다.

재산을 소유하는 방법에는 두 가지가 있다. 하나는 양 손에 꽉 움켜 쥐고서 "이건 내 거니까 내 맘대로 할 거야"라고 말하는 것이고 다른 하나는 손 위에 올려놓고서 "주님 이 재산을 제게 맡겨 주셔서 고맙습니다. 저는 단지 관리인일 뿐 소유주가 아닙니다. 이중 어느 것이라도 도로 가져가시겠다면 말씀만 하십시오. 언제든지 돌려드리겠습니다"라고 말하는 것이다. 두 번째가 바로 제자가 가져야 할 태도다.

물질에 대한 태도가 제자인지 아닌지 진위를 가리는 척도가 된다. 우리가 돈을 맡은 청지기라면 어떤 자세를 가져야 할까? "내 돈 중에서 얼마를 하나님께 드려야 하나?"라고 말해야 할까, 아니면 "하나님의 돈 중에서 얼마를 내가 간직해야 하나?"라고 해야 할까?

제자의 까다로운 조건을 염두에 두었을 때 "예수님이 제자의 조건으로 재산을 요구할 권리가 있으신가?"라는 의문이 들기도 할 것이다. 예수님은 스스로 실천하지 않은 것은 결코 우리에게 요구하지 않으셨다.

예수님은 부모와 형제, 심지어 자신의 생명보다 하나님 아버지를 더 사랑하셨다.

또한 예수님은 말씀하신 그대로 고통의 십자가를 지고 죽음을 당하셔서 우리의 구원을 이루어주지 않으셨는가?

만물의 주인인 예수님이 모든 것을 포기하지 않으셨는가? 십자가에서 돌아가셨을 때 예수님에게 남겨진 재산이라곤 허리에 두르는 천 조각 한 장뿐이었다. 로마 군인들이 제비를 뽑아 겉옷은 가져가고 그것 하나 남겨둔 것이었다.

　　예수님, 제 십자가를 지고서
　　모든 것을 버리고
　　당신을 따릅니다.
　　홀로, 무시당하고, 버림당한 채
　　이제부터 당신만이 저의 전부입니다.
　　당신만을 따르렵니다.
　　나의 구세주여
　　나를 위해 피 흘려주셨으니
　　온 세상이 당신을 버려도
　　당신의 은혜로
　　저는 당신을 따르렵니다.
　　_ H. F. 라이트

묵 상 을 · 위 한 · 질 문

1. 예수님이 당신에게 요구하신 것 중에서 하기 힘들었던 것을 이야기해 보라. 그 일을 하면서 어떤 것을 배웠는가?

2. '구원에 이르게 하는 믿음'은 무엇이라고 생각하는가? 당신에게도 그런 믿음이 있다고 보는가?

3. 당신은 진정한 제자가 되기 위한 세 가지 조건을 충족시킬 수 있겠는가?

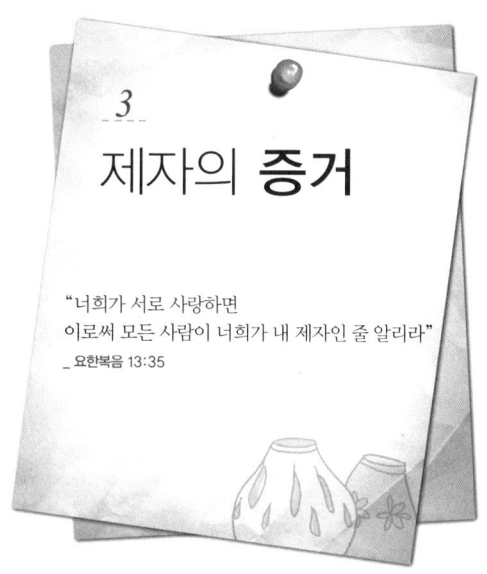

3 제자의 증거

"너희가 서로 사랑하면
이로써 모든 사람이 너희가 내 제자인 줄 알리라"
_ 요한복음 13:35

예수님이 제자들을 향해 모든 나라에 가서 신자나 개종자를 만들라고 명령하지 않으셨다는 사실을 주목해야 한다. 정확히 말해서 예수님은 이렇게 명령하셨다. "하늘과 땅의 모든 권세를 내게 주셨으니 그러므로 너희는 가서 모든 민족을 제자로 삼아"마 28:18-19.

제자란 '배우는 사람'을 뜻한다. 원래 제자라는 단어는 '노력을 겸비한 생각'을 뜻하는 단어에서 파생했다. 따라서 예수님의 제자란 '스승 예수님의 가르침을 받아서 그 가르침을 믿을 뿐 아니라 삶에서 실천하며 배우는 자'라고 정의할 수 있다. 그러려면 스승 예수님의 관점과 삶을 그대로 본받아야 하고 그분의 명령에 순종해야 한다.

J. 에드거 후버J. Edgar Hoover가 워싱턴의 연방수사국FBI 국장으로 재임할 때 공산주의자 청년으로부터 이런 이야기를 듣게 되었다고 한다.

"우리 공산주의자들은 지능지수가 얼마나 높은지 보여 주기 위해 학습을 하는 게 아닙니다. 배운 것을 그대로 실천하기 위해 학습하는 겁니다." 바로 그와 같은 자세가 진정한 제자도의 핵심이라 할 수 있다.

공산당에 소속된 당원들은 당에 절대적인 충성을 맹세한다. 어느 당 간부는 "공산주의에서 방관자는 있을 수 없다"고 잘라 말했다. 한 발 더 나아가 레닌은 "어떤 일이든 주저하거나 소극적인 태도를 보이는 사람은 절대 용납하지 않겠다"고 말했다. 오로지 적극적이고 훈련된 사람만 당원으로 받아들이겠다는 말이었다.

예수님의 제자가 되겠다고 결심한 사람은 예수님의 학교에 입학해서 그분의 가르침 밑에 들어가는 것이다. 원래 '그리스도인'과 '제자'는 구별 없이 사용하던 말이었으나 현대에 와서는 분리되어 버렸다. 그리스도인이 되고 싶다는 사람도 그리스도가 제시하는 제자의 엄격한 기준에는 따르기를 주저한다. 예수님은 단 한번도 제자의 길이 탄탄대로일 것이라고 말씀하지 않았다. 고락을 함께하며 따라올 사람을 원하셨다. 양보다 질이 문제였기 때문에 더 많은 제자를 모집하려고 자격 조건을 완화하는 식의 양보를 하지 않으셨다. 공생애 기간 동안 예수님은 가르침을 통해 제자도의 세 가지 기본원칙을 제시하셨다.

지속성의 원칙

"그러므로 예수께서 자기를 믿은 유대인들에게 이르시되 **너희가 내 말**

에 거하면 참으로 내 제자가 되고 진리를 알지니 진리가 너희를 자유롭게 하리라" 요 8:31-32, RSV번역본에는 "내 말에 거하면"이 "계속적으로 내 말에 거하면"(continue in my word)으로 나와 있음 -역주.

이 말씀은 제자도의 내적인 면을 보게 해 준다. 주님의 말씀에 계속적으로 거하는 것이 제자도의 내적인 면이다. 주님은 학자가 아닌 스승이시다. 제자도의 내적인 면이 결여된다면 제자도는 허울뿐인 껍데기에 불과하다.

그렇다면 '내 말'이란 무슨 의미인가? 예수님이 살아계신 말씀이었기 때문에 그분의 말은 곧 그분 자신을 의미한다고 봐도 무방하다. 그러나 이 말씀에서는 예수님의 가르침 속에 있는 내용과 원리를 가리킨다고 봐야 한다. 즉 신자들이 애송하는 구절이나 선호하는 교리만이 아니라 그분이 하신 모든 말씀을 의미한다.

엠마오 도상에서 예수님이 두 명의 제자들과 나눈 대화가 그 사실을 대변해 주는 좋은 예다. "이에 모세와 모든 선지자의 글로 시작하여 모든 성경에 쓴 바 자기에 관한 것을 자세히 설명하시니라" 눅 24:27.

계속적으로 주님의 말씀에 거하기 위해서는 NIV에는 "그분의 가르침을 고수하기 위해"(to hold to his teaching)라고 되어 있음. 주님의 말씀을 일상의 삶 속에 실천하겠다는 원칙을 세워야 한다. 제자가 되는 첫걸음은 말씀을 받는 것이고 제자가 되었다는 증거는 그 말씀 가운데 지속적으로 거하는 것이다.

아일랜드 태생의 콜롬바는 복음을 전하기 위해 563년에 자신의 고국을 떠나 스코틀랜드로 건너갔다. 하지만 스코틀랜드에서 엄청난 어려움을 겪게 될 것을 예상한 콜롬바는 고국으로 돌아가고 싶은 마음이 들까봐 자신이 타고 온 배를 해변에 묻어버렸다. "모든 민족을 제자로 삼으라"는 명령에 전적으로 순종했던 사람의 좋은 본보기가 아닐 수 없다. 콜롬바는 아무런 미련 없이 제자로서의 길을 걸어가기로 결심한 것이다.

남캘리포니아의 벤리펜에서 열렸던 한 콘퍼런스에 참석했을 때 나는 어떤 젊은 여성이 간증하는 것을 듣게 되었다. 그 여성은 자신이 전임사역자가 되기로 결심한 과정을 이야기했다. 이야기 중에 그는 하얀 백지 한 장을 손에 들고서 그 종이에 자신을 향한 하나님의 계획이 들어 있다고 말하는 것이었다. 하지만 그 백지에는 아랫부분에 있는 자필 서명을 빼고 아무것도 적혀 있지 않았다. 그 여성은 이렇게 말했다. "저는 하나님의 뜻이 정확히 무엇인지 모른 채 사역자가 되라는 말씀에만 순종했습니다. 이제 나머지 자세한 계획은 하나님께서 세워 주실 거라고 믿습니다." 그 여성이야말로 믿음의 땅 위에 굳게 서 있는 진정한 제자였다. 전적으로 순종하겠다는 굳은 의지가 있기 때문에 성령께서는 앞으로 그 여성의 삶을 인도하시면서 올바른 방향으로 나아갈 수 있도록 지혜를 주실 것이다.

간혹 순간적인 충동으로 예수님을 따르겠다고 결심하는 사람들이 있다. 군중심리나 한 때의 열정에 휩쓸려 그런 결심을 하게 되지만 그것은 그리 오래가지 못한다. 아마 그런 이유 때문에 예수님은 제자도의 먼 길을 끝까지 가기 위해 자신이 치러야 할 대가를 계산해 보고 결정하라고 강조하셨을 것이다. 충동적인 결정을 하는 사람에게는 사려 깊은 충성심이 결여되어 있는 경우가 많다. 따라서 구체적인 사실을 알고 나면 그 대가가 너무 크다고 생각되어 계속적으로 예수님의 말씀에 거하지 못하게 된다.

어떤 사람들은 예수님을 따르긴 하되 단기간 동안에만 따르려고 한다. 하지만 신약 어디를 보아도 단기 제자는 등장하지 않는다. 제자로서 하는 사역은 단기간에 끝나는 경우가 있겠지만 제자라는 신분은 평생을 가는 것이다. 단기 제자는 돌아갈 다리를 끊어놓거나 돌아갈 배를 해변에 묻지 않는다. 그런 사람은 다시는 돌아오지 못할 만큼 멀리 가는 일이 결코 없다.

한 청년이 내게 이렇게 말했다. "저는 아시아 국가들을 여행하면서 한번 둘러보고 싶어요. 그곳이 편하고 괜찮다고 느껴지면 선교사로 갈지도 몰라요." 미안하지만 지상대명령을 내리신 우리 주님은 '편하고 괜찮은 곳'만 골라서 일하라고 말씀하신 적이 없다. 투철한 사명감이 없다면 선교사가 될 수 없다.

위대한 감리교 목사 사무엘 채드윅Samuel Chadwick은 그리스도의 주권을 인정하는 사람이 진정한 제자라고 힘주어 말했다. "우리는 하나님의 뜻에 따라 움직이는 사람들입니다. 모든 것을 아시는 전지全知하신 하나님은 회의를 열지 않으십니다. 그분의 영원한 권위는 타협을 받아들일 추호의 여지도 없습니다. 그분의 영원한 사랑은 구구한 설명이 필요 없습니다. 우리는 오직 주님을 신뢰해야 합니다. 그분은 언제든 우리 일에 개입하십니다. 인간의 계획은 무산되기도 하고, 혈연관계가 뒷

전으로 밀려나기도 하고, 정당한 권리가 빛을 보지 못하기도 합니다. 하나님은 결코 우리에게 편하고 좋으냐고 묻지 않으십니다."

하나님은 자신의 뜻에 따라 무엇이든 할 수 있는 전능한 분이지만 그와 동시에 아버지로서의 깊은 애정을 갖고 일하시는 분임을 잊어서는 안 된다. 하나님의 전능함과 부정父情은 절대 마찰을 일으키는 법이 없다. 이사야가 했던 고백이 그와 같은 진리를 확증해 준다. "그러나 여호와여, 이제 주는 우리 아버지시니이다 우리는 진흙이요 주는 토기장이시니 우리는 다 주의 손으로 지으신 것이니이다" 사 64:8. 하나님은 우리의 아버지이시기 때문에 궁극적으로 우리에게 유익하지 않은 것을 요구하실 리가 없다 히 12:10.

예수님의 말씀에 거하는 삶은 저절로 이루어지지 않는다. 강한 목적의식과 자제력이 있어야 가능하다. 더불어 그것은 시간이 걸리는 일이다. 성경을 읽어야 할 뿐 아니라 읽은 말씀을 묵상하면서 마치 소가 되새김질을 하듯 읽은 내용을 머릿속에 새겨 넣어야 한다. 말씀을 암기해서 마음에 말씀을 숨겨 두어야 한다. 더 나아가 말씀을 믿음에 섞어야 한다. 그렇지 않으면 아무리 성경을 읽어도 영적인 유익을 얻지 못한다. 히브리서는 이렇게 말한다. "들은 바 그 말씀이 그들에게 유익하지 못한 것은 듣는 자가 믿음과 결부시키지 아니함이라" 히 4:2.

골로새서 3장 16-25절과 에베소서 5장 18절-6장 8절의 말씀은 서로 깊은 연관성을 갖고 있다. 성령으로 충만해졌을 때 따라오는 결과 엡 5:19와 예수님의 말씀이 풍성히 거할 때 빚어지는 결과 골 3:16가 동일하다는 점에 유의하라. 두 개의 구절을 샴쌍둥이라고 해도 무방하지 않겠는가? 우리는 예수님의 말씀이 풍성하게 거하는 한도 내에서 성령으로 충만해질 수 있다.

사랑의 원칙

"새 계명을 너희에게 주노니 서로 사랑하라 내가 너희를 사랑한 것같이 너희도 서로 사랑하라 **너희가 서로 사랑하면 이로써 모든 사람이 너희가 내 제자인 줄 알리라**"요 13:34-35.

이 말씀은 제자도의 외적인 면을 말해 준다. 즉 다른 사람들과의 관계가 어떠해야 함을 말해 주는 것이다.

경건한 목회자 사무엘 루더포드 목사의 가정에서는 매주 토요일 저녁마다 주일예배를 준비하며 온 가족이 교리문답서를 읽는 게 하나의 습관처럼 되어 있었다고 한다. 루더포드 목사의 가족들은 탁자 주위에 빙 둘러앉아 교리문답서의 질문과 대답을 주고받으며 읽곤 했다.

어느 토요일 저녁, 그날도 교리문답서를 읽고 있는데 누군가 밖에서 대문을 두드리는 소리가 들렸다. 루더포드 목사는 자신의 집을 찾아온 낯선 방문객을 향해 문을 열고 안으로 들어오라고 말했다. 그는 교리문답 읽기에 동참했고 "성경에는 몇 개의 계명이 있는가?"라는 질문에 그 사람이 대답할 차례가 되었다.

그는 "열 한 개요"라고 대답했다.

교육을 잘 받은 듯한 말쑥한 신사가 너무도 기초적인 것조차 제대로 대답하지 못하는 것을 보고서 루더포드 목사는 점잖게 바로잡아 주었다. 그러나 방문객은 "새 계명을 너희에게 주노니 서로 사랑하라 내가 너희를 사랑한 것같이 너희도 서로 사랑하라"는 예수님의 말씀을 인용하면서 자신의 대답이 맞는다고 주장했다.

루더포드 목사는 그 사람을 자기 집에서 하룻밤 재워주는 호의도 베풀었다. 다음날, 주일예배를 드리러 교회로 가려는데 누군가 기도하는 소리가 들렸다. 그것은 분명 전날 자신의 집을 찾아온 방문객의 목소리였다. 그 사람이 참으로 훌륭한 기도를 드리는 데 탄복한 루더포드 목사는 그 사람의 기도가 끝날 때까지 기다렸다가 "대체 누구십니까?"라고 물어보았다.

그러자 그는 "저는 아일랜드의 대주교 어셔입니다. 그동안 목사님의 독실한 신앙에 대해 많이 들었기 때문에 직접 만나 뵙고 싶어 이런 방법을 사용한 겁니다"라고 말했다.

두 사람은 함께 이야기를 나누는 동안 주님에 대한 사랑으로 서로 마음이 통했다. 루더포드 목사는 망설임 없이 대주교를 그날 예배에 초청하여 설교를 부탁했고 그가 설교한 내용은 다름 아닌 "새 계명을 너희에게 주노니"였다.

이미 살펴본 바와 같이 예수님의 제자는 그분의 가르침을 배우는 데 그치지 않고 그대로 실천하는 사람이다. 그래서 예수님의 가르침에는 본보기가 곁들여진다. "내가 너희를 사랑한 것같이 너희도 서로 사랑하라"요 13:34.

미움과 사랑은 공존할 수 없다. 다른 사람이 좋거나 매력적이어서 사랑하는 게 아니다. 또한 가족이나 아는 사람이나 지역적 배경이 같은 사람만 배타적으로 사랑하는 것도 아니다. 우리는 단지 그리스도의 사랑으로 다른 사람을 사랑해야만 한다.

예수님은 어떻게 그분의 사랑을 표현하셨는가? 우리도 그분과 똑같은 방법으로 사랑을 표현해야 한다.

예수님의 사랑은 이타적 사랑이었다. 아무리 고귀해 보이는 사랑도 인간의 사랑을 들여다보면 얼마간의 이기심이 도사리고 있다. 어떤 면에서 우리는 무언가를 받기 때문에 사랑한다. 즉 사랑이 행복을 가져오기 때문이다. 그러나 우리 주님의 사랑은 철저히 이타적이고 희생적인 사랑이었다.

예수님의 사랑은 용서하는 사랑이었다. 누군가로부터 부당한 행위를 당한 사람만이 용서할 수 있는 권한이 있다. 비록 사람들로부터 무시당하고, 배반당하고, 버림 받았지만 예수님의 사랑은 결코 사그라지지 않았기에 "내가 너희를 사랑한 것같이"라고 말씀하실 수 있었다. 베드로에게 일곱 번뿐 아니라 일흔 번씩 일곱 번이라도 용서해 주라고 하신 말씀은 부족한 제자들을 향한 그분의 넓은 사랑을 보여 주는 단적인 예다.

예수님의 사랑은 희생적인 사랑이었다. 예수님은 이 땅에 계시는 동안 자신을 아끼지 않으셨다. 혈루병을 앓는 여인이 몰래 뒤로 다가와 예수님의 옷자락을 만졌을 때 "예수께서 그 능력이 자기에게서 나간 줄을 곧 스스로 아시고"막 5:30 주위를 둘러보셨다. 그분은 언제나 손수 나서서 사람들을 도와주셨다. 기꺼이 그 어느 것이라도 희생할 각오가 되어 있었고 보상을 바라지 않는 가장 고귀하고 값진 사랑을 보여 주셨다.

예수님의 제자라는 가장 뚜렷한 증거는 다른 사람을 향한 진심어린 사랑이다. 믿지 않는 사람들이 그리스도인의 삶 속에서 그런 사랑을 보았을 때 그들은 이렇게 말할 것이다. "이들은 예수님의 진정한 제자들이구나. 서로 진심으로 아끼고 사랑하는 것을 보니 알겠다." 우리는 설교도 하고, 기도도 하고, 자선도 베풀고, 심지어 희생도 하지만 사랑이 없다면 아무것도 얻지 못하는 영적 허무에 그치고 말 것이다_{고전 13:2}.

어느 작가는 말하길 예수님의 가르침은 유식한 학자들만이 아니라 유치원 아이들도 실천할 수 있는 것이라고 했다. 예수님과의 개인적 관계에서도 그와 같은 사랑이 깊어져야 하지만, 제자가 된 증거로써 다른 사람들 앞에서도 그러한 사랑이 드러나야 한다.

열매의 원칙

"너희가 내 안에 거하고 내 말이 너희 안에 거하면 무엇이든지 원하는 대로 구하라 그리하면 이루리라 **너희가 열매를 많이 맺으면** 내 아버지께서 영광을 받으실 것이요 **너희는 내 제자가 되리라**"_{요 15:7-8}.

이 말씀은 제자도의 상향적_{上向的}인 면을 보여 준다. 예수님의 제자가 열매가 없다는 것은 모순되는 말이다. 제자의 삶에 열매가 없다면 진짜 제자라고 이야기할 수 없다.

그렇다면 예수님이 말씀하신 '열매'란 과연 무엇일까? 기본적으로 열매는 하나님과 그분의 영광을 위한 것이고, 인간은 그 두 번째가 되어야 한다.

인격의 열매 – 내면의 삶. "오직 성령의 열매는 사랑과 희락과 화평과 오래 참음과 자비와 양선과 충성과 온유와 절제니 이 같은 것을 금지할 법이 없느니라"갈 5:22-23.

성령께서 우리 안에 역사하심으로 나타나는 열매는 아홉 가지 미덕으로 표현되었다. 열매를 보면 그 나무를 아는 법이다. 예수님의 제자도 예수님 닮은 인격을 보면 알 수 있다. 사도 바울의 사역목표도 그것이었다. "오직 너희에게 유익하도록 풍성한 열매를 구함이라"빌 4:17.

사역의 열매 – 외적인 사역. "너희 눈을 들어 밭을 보라 희어져 추수하게 되었도다 거두는 자가 이미 삯도 받고 영생에 이르는 열매를 모으나니 이는 뿌리는 자와 거두는 자가 함께 즐거워하게 하려 함이라"요 4:35-36. 잃어버린 영혼이 주님께 돌아올 때, 그리고 제자들이 더욱 영적인 성숙함에 이를 때 열매가 맺힌다.

제자가 되었다고 저절로 열매가 맺히는 게 아니다. 해야 할 일이 반드시 선행되어야 한다. 예수님은 그 점을 분명히 하셨다. "내가 진실로 진실로 너희에게 이르노니 한 알의 밀이 땅에 떨어져 죽지 아니하면 한 알 그대로 있고 죽으면 많은 열매를 맺느니라"요 12:24. 예수님은 열매를 십자가와 연관지어 말씀하셨다. 그분 자신이 스스로 죽음의 본보기를 보이지 않으셨는가? 한 알의 밀이 갈보리 언덕에 떨어져 죽었다. 오순절 날 그 밀알은 3천 배의 열매를 맺었고 지금까지 열매가 맺히고 있다.

요한복음 12장의 말씀에서 중요한 단어는 '~하지 않는 한'과 '~하면'이라는 단어다. 다시 말해 많은 열매를 맺을 수 있는 가능성은 우리의 손에 달려 있다. "제자가 그 선생 같고 종이 그 상전 같으면 족하도다"마 10:25. 십자가를 지고 자아중심적 삶이 죽었을 때 성령께서 우리의 삶에 열매를 맺히게 하실 것이다.

묵상을 위한 질문

1. 당신은 지금까지 한 명의 제자라도 만들어 보았는가? 예수님의 지상대명령이 당신의 대인관계에 어떤 영향을 미쳤는가?

2. 당신은 계속적으로 그리스도의 말씀에 거하는 삶을 살고 있는가? 어떤 식으로 그런 삶을 살고 있는가?

3. 세 가지 원칙(지속성, 사랑, 열매) 중에서 지금 현재 당신의 삶에 가장 뚜렷하게 나타나는 모습은 무엇인가? 왜 그런가?

4
제자의 **시험**

"주여
내가 주를 따르겠나이다마는…"
_ 누가복음 9:61

제자들과 함께 예루살렘을 향해 걸어가시던 예수님에게 자기를 따르는 것이 무엇을 의미하는지를 시청각으로 가르쳐 줄 기회가 생겼다눅 9:57-62. 예수님이 길을 가시는 동안 세 명의 남자가 다가와 예수님이 주님이며 무엇이든 명령할 권한이 있음을 인정했다. 겉으로 보기에는 모두가 제자 후보생들처럼 보였지만 제자로서 겪어야 할 현실에 부딪치자 그들의 태도는 돌변했다.

첫 번째 후보생에게 예수님은 밭 가는 예를 드시면서 손에 쟁기를 잡고 똑바로 밭을 갈 듯 제자는 방향을 벗어나면 안 된다고 말씀하셨다. 예수님의 제자는 누구나 손에 쟁기를 들고 밭을 가는 사람이다. 하지만 똑바로 밭고랑을 갈지 못하고 빗나가게 만드는 수많은 장애요인들이 곳곳에 도사리고 있다. 누가복음 9장에는 그 중 세 가지를 이야기하고 있다.

성급한 제자후보생

"어디로 가시든지 나는 따르리이다"눅 9:57. 이 사람은 한 순간의 뜨거운 열정에 사로잡혀 무조건적으로 주님을 따르며 섬기겠다고 자원했다. 물론 진심이었을 것이다. 예수님을 따라 어디든지 가겠다고 했다. 예수님은 그런 사람을 두 손 벌려 환영하고 제자로 받아주셔야 하지 않았을까?

그러나 예수님은 그 사람의 됨됨이를 알고 계셨다. 사도 요한은 예수님의 예리한 통찰력에 대해 다음과 같이 적고 있다. "이는 친히 모든 사람을 아심이요…그가 친히 사람의 속에 있는 것을 아셨음이니라"요 2:24-25. 예수님은 그 사람이 진심으로 제자가 되겠다고 자청은 했지만 섬길 준비가 되지 않은 사람임을 간파하셨다.

마태복음에 보면 그가 서기관이었다고 했으니 사실상 예수님에게는 호박이 넝쿨째 굴러들어 온 것이나 다름없었다. 하지만 예수님은 그가 너무도 성급하게 사역에 나서려고 한다는 사실을 알아채셨다. 어려움이 닥치면 그런 열정은 쉽사리 증발해 버릴 열정이었던 것이다.

두말할 나위 없이 예수님이 두 팔을 벌려 자신을 환영해 줄 것을 기대했던 그 남자는 예수님의 회의적인 반응에 무척이나 당황했을 것이다. 예수님은 그 남자의 말과 베드로의 자신에 찬 호언장담에서 유사성을 발견하셨을 것 같다. "모두 주를 버릴지라도 나는 결코 버리지 않겠나이다"마 26:33.

일시적 충동이라도 무조건 무시할 수는 없겠지만 예수님은 그가 앞뒤 생각 없이 성급히 결정했다는 사실을 아셨다. 그 남자의 간청을 거절하지는 않으셨으나 솔직한 한마디로 그가 현실에 눈을 뜨게 해 주셨다. "여우도 굴이 있고 공중의 새도 집이 있으되 인자는 머리 둘 곳이 없도다"눅 9:58.

결국 주님이 하신 말씀은 이런 뜻이었다. "너는 어떤 상황에 처하게 될지 알고 있느냐?" 예수님은 자신을 따르겠다는 사람들에게 언제나 솔직하게 사실을 있는 그대로 이야기하셨다. 그 이유는 현명한 판단을 내리도록 만들기 위해서였다. 그래서 그 사람의 동기를 확인하셨고 오늘날 우리에게도 동일한 확인을 하신다. "서둘지 말고 충분히 생각해 보아라. 너는 기꺼이 어떤 희생이라고 치를 각오가 되어 있느냐? 여우도 새도 쉴 집이 있는데 너는 집 없는 생활도 감당할 수 있겠느냐? 나를 위해서 낮고 천한 삶도 살아갈 준비가 되어 있느냐?"

어떤 스승은 제자들이 떠나가는 것을 방지하기 위해 부정적인 내막은 사전에 전혀 언급하지 않는 경우도 있다. 주님은 절대로 그렇게 하지 않으셨다.

예수님이 첫 번째 후보생에게 하신 시험은 가난에 대한 시험이었다. 그는 현실을 바로 볼 수 있어야만 했다.

영적 전쟁도 실제 전쟁 못지않게 치열하기에 사상자가 나오는 것은 당연한 일이겠으나 사전에 정확한 사실을 알려 주지 않고 무작정 영적 전쟁터로 내보내는 것은 옳지 않다. 예수님은 그 남자에게 사전 지식을 주신 것이었다.

요즘의 영적 전쟁은 '혹독한 역경에 대한 신랄한 비판'에 맞서 안정성을 요구하는 추세다. 선교사지망생이라고 해서 누구든 혹독한 역경을 견뎌 낼 준비가 되어 있는 것은 아니다. 선교지에 발을 들여놓기도 전에 은퇴 혜택이 무엇인지, 휴가와 사역 시간이 어떻게 되는지 꼬치꼬치 캐묻는 사람들이 있다. 제자는 하루 24시간을 바쳐 일해야 하는 평생직이다.

최근에 그 사실을 꼬집는 편지 한 장을 받은 적이 있다.

"요즘은 경험을 너무 중요시하고, 거룩함이나 진지한 사고보다 행복과 감정에만 치우쳐 있는 것 같습니다. 어떤 그리스도인들은 성경의 십자가가 아니라 마음의 평강을 추구하는 불교에 더 근접한 신앙을 보이고 있습니다."

사람들은 이 시대의 경제적 흥망성쇠를 보면서 물질이 결코 행복을 보장하지 않는다는 사실을 뼈저리게 실감하고 있다. 재산은 하루아침에 날아갈 수 있는 것이다. 주님은 우리에게 그분 자신만이 참 행복의 보장이라고 말씀하셨다. 그럼 주님 한분만으로 정말로 충분한 걸까? 번영했던 갈대아 우르를 떠나 모험의 길에 나섰던 아브라함을 생각해 보라. 그는 "갈 바를 알지 못하고" 길을 떠났다 히 11:8. 정처 없는 길이었지만 그는 의연하게 앞으로 나아갔다. 그 이유는 "그가 하나님이 계획하시고 지으실 터가 있는 성을 바랐음이라" 히 11:10. 아브라함은 물질주의의 족쇄를 과감히 깨트렸다.

진정한 제자의 길을 가려면 반드시 치러야 할 대가가 있다. 하지만 그보다 더 큰 보상이 주어질 것이라는 보장도 있다. 우리가 드린 것보다 더 적게 주실 하나님이 아니다. 물질이나 재산은 잃어버릴지 모르나 내세에 받을 영원한 복과 기쁨과 보람은 절대 잃어버리지 않을 것이다.

주저하는 제자후보생

"또 다른 사람에게 나를 따르라 하시니 그가 이르되 나로 먼저 가서 내 아버지를 장사하게 허락하옵소서"눅 9:59. 두 번째 제자후보생은 자청해서 따르겠다고 하지 않았다. 예수님이 먼저 "나를 따르라"고 하시자 그 말에 대답을 한 것인데 그의 대답에는 주저함이 들어 있었다. 그가 한 대답을 풀이하자면, "집안일부터 먼저 챙기겠습니다"라는 뜻이다. 첫 번째 후보생이 너무 성급했다면 두 번째 후보생은 너무 느렸다. 그 사람에게 제자가 되는 일은 두 번째로 중요한 일에 불과했다.

마태복음에는 그 사람이 이미 주님의 부름 받은 제자였다고 이야기한다마 8:21. 그럼에도 불구하고 그는 다리를 질질 끌면서 예수님을 따르기보다 다른 일을 우선시했다. 그는 "주님을 따르겠습니다"라고 말은 했지만, 그에 덧붙여 "형편이 되면 따르겠습니다"라고 한 것과 다름없다. 예수님에 대한 그의 헌신은 진지하기보다 가볍다고 봐야 한다. 그는 돌아갈 다리를 완전히 제거하는 결단을 내리지 못했다. 예수님의 회의적인 대답이 그 사실을 증명하고 있다.

언뜻 보기에 예수님의 대답은 다소 가혹하고 무정하게 느껴진다. 아들로서 아버지의 장례를 먼저 챙기는 것이 당연한 일 아닌가? 당시 팔레스타인에서는 맏아들이 부모의 장례식을 치르는 게 관습이었고 그렇지 않으면 불효자로 낙인 찍혔다. 그러나 이 이야기에는 전혀 다른 면이 들어 있다.

조지 아담 스미스George Adam Smith 경은 이스라엘을 여행했을 때 동행한 현지인으로부터 두 번째 제자후보생이 했던 이야기와 너무도 흡사한 이야기를 들은 적이 있다고 한다. 그래서 자세히 물어보니 그 현지인은 실제 장례식을 말하는 게 아니었다. 그의 아버지는 생존해 있었으나 일상생활에서 사람들이 흔히 사용하는 관용어의 하나로써 "집안일을 가서 보고 오겠습니다"라는 뜻이었다. 중동을 여행했던 어떤 사람도 바로 옆에 아버지가 서 있는데도 아들이 그런 말을 하는 것을 들었다고 한다.

예수님은 그 사람에게 이렇게 대답하셨다. "죽은 자들로 자기의 죽은 자들을 장사하게 하고 너는 가서 하나님의 나라를 전파하라"눅 9:60. 다시 말해서, 하나님의 일을 우선하면 가정의 일도 절대로 잘못되는 일이 없을 거라는 이야기다. 사실상 진짜 부친의 장례를 치러야 하는 상황이라고 해도 가족이나 친척 중에 장례식을 치를 사람이 없을 리가 없다. 하나님 나라에 관심도 없고 예수님의 제자도 아닌 가족이나 친척이 분명히 있을 것이니 그가 장례를 치르게 해도 된다는 이야기다. 진정 제자가 되기를 원한다면 다른 일들은 전부 두 번째로 밀려나야 한다. 우선순위가 뒤죽박죽되면 신앙마저 분리되어 버릴 수 있음을 알아야 한다.

하나님은 가족 관계나 가정에 대한 책임에 무관심한 분이 아니다. 한 입으로 두말을 하시는 분은 더더욱 아니다. 한편으로는 가족을 돌보고 잘 해 주라고 하면서 다른 한편으로는 정반대의 말을 하시지 않는다. 다만 하나님의 뜻이 가족보다 우선해야 된다는 이야기다.

누가복음 *14*장에서 예수님은 그 문제를 더욱 구체적으로 언급하시며 제자가 갖추어야 할 조건에 대해 이야기하셨다. "무릇 내게 오는 자가 자기 부모와 처자와 형제와 자매와 더욱이 자기 목숨까지 미워하지 아니하면 능히 내 제자가 되지 못하고"눅 14:26. 한결같은 사랑과 순종을 주님께 바치면 그에 상응하는 멋진 보상을 해 주겠다고 예수님은 약속하셨다. 결국은 어느 누구도 손해를 보지 않게 될 것이다.

기독교 사역에 있어 가족에 대한 문제는 생각보다 심각하다. 특히 선교사로 헌신하는 사람들에게 있어서는 매우 중대한 문제다. 주님을 따르는 제자로 사는 사람 중에 어떤 사람은 고국을 떠나 외국에서 주님을 증거 하는 사명을 받게 된다. 그때 연로한 부모나 가족을 남겨두고 떠나야 한다면 어떻게 되겠는가?

만일 부모나 가족을 꼭 돌보아야 하는 상황이고 다른 대안이 없는 경우라면 선교사 후보생은 상황이 변할 때까지 고국에 남아 있는 게 마땅하다. 하지만 그런 경우가 아니라면 혈연관계나 정에 얽매이지 말고 제자로서의 사명에 충실해야 한다. 그 사명이란 물론 "하나님의 나라를 전파"하는 것이다눅 9:60. 믿지 않는 가족이나 주변 사람들은 비난을 할지도 모르지만 제자는 누가 뭐래도 주인이신 예수님에게 충성을 다하는 사람이다.

요즘에는 결혼생활이 불안하고 이혼하는 부부가 하도 많아서 많은 교회들이 가족의 결속력을 중요하게 강조한다. 물론 좋은 일이지만 이것조차 균형에서 벗어날 수가 있다.

최근에 나는 가장인 남성과 이야기를 나누게 되었는데 부모가 아이들과 시간을 함께 보내는 것이 중요하다는 내용의 세미나에 참석했다고 한다. 하지만 그는 말끝에 전혀 성경적이지 않은 극단적인 이야기를 했다. "저는 가족에게만 제 시간을 쏟아부을 겁니다. 주중에는 교회 모임 같은 곳에도 안 갈 것이고 가족하고 시간을 보내기 위해 교회 일도 하지 않을 작정입니다." 그런 사람에게 주님은 누가복음 9장 60절과 비슷한 대답을 해 주실 것 같다.

제자의 마음가짐을 알아보는 첫 번째 시험이 가난이었다면 두 번째 시험은 긴박성이다.

우유부단한 제자후보생

"주여 내가 주를 따르겠나이다마는 나로 먼저 내 가족을 작별하게 허락하소서"눅 9:61.

첫 번째 제자 후보생이 너무 성급했고, 두 번째 후보생이 너무 느렸다면 세 번째 후보생은 너무 우유부단했다. 전적으로 헌신하는 게 아니라 "하지만…"을 넣어서 앞선 두 사람의 후보생처럼 '나 먼저' 식의 이기적인 모습을 보였다. 바로 그 사람에게 예수님은 가장 준엄하고 가슴 뜨끔한 말씀을 하셨다. "손에 쟁기를 잡고 뒤를 돌아보는 자는 하나님의 나라에 합당하지 아니하니라"62절.

예수님의 대답은 그 사람의 속내를 그대로 드러냈다. 그의 마음은 예수님이 아니라 가족에게 있었다. 그는 얼마 못 가서 등을 돌리고 떠나버릴 사람이었다. 우리에게도 제자의 길에서 벗어나게 만드는 요소들이 도처에 널려 있다. 많은 사람들이 전적인 헌신을 하지 못하고 늘 "하지만…" 하면서 주님을 따라간다.

우리 단체에 두 명의 착실하고 재능 있는 청년이 있었는데 선교지에 나가서 첫 임기를 훌륭하게 마치고 선교사로서의 가능성을 보여 주었다. 자연히 우리는 그 청년들에게 대단한 기대를 걸고 있었다. 고국으로 휴가를 떠나는 그들을 보면서 나의 동료가 "아무래도 돌아오지 않을 것 같아요"라고 말했을 때 나는 강력하게 그 말을 부인했다. 나로서는 전혀 그런 느낌을 받지 못했기 때문이었다. 내가 왜 그렇게 생각하느냐고 묻자 그는 간단히 이렇게 대꾸했다. "짐을 완전히 풀어놓지 않더라구요." 그는 나보다 관찰력이 뛰어나서 그들의 마음이 고국으로부터 완전히 떠나지 않았다는 사실을 간파했던 것이다. 정말로 그 청년들은 그 후 돌아오지 않았다.

혈연관계를 최우선으로 여기는 사람들이 그럴 가능성이 높다. 세 번째 제자 후보생은 지상에서의 혈연관계에 연연했다. 우리의 교활한 영적 원수들은 가까운 사람들과의 정을 이용해 우리를 농락하는 일에 익숙하다. 예수님이 사용하신 동사의 시제를 보면 그가 한 번만 뒤를 돌아본 것이 아니라 습관적으로 그렇게 했음을 알 수 있다. "손에 쟁기를 잡고 뒤를 돌아보는 자는"62절, 영어 번역본에는 'keeps on looking back'(계속 돌아보는)이라고 되어 있음-역주. 사실 뒤를 돌아본 경험은 누구에게나 있지 않은가?

엘리야를 따르기로 결심한 엘리사의 행동을 보면 세 번째 제자 후보생과 극렬한 대조를 보인다.

"엘리야가 거기서 떠나 사밧의 아들 엘리사를 만나니 그가 열두 겨릿소를 앞세우고 밭을 가는데 자기는 열두째 겨릿소와 함께 있더라 엘리야가 그리로 건너가서 겉옷을 그의 위에 던졌더니 그가 소를 버리고 엘리야에게로 달려가서 이르되 청하건대 나를 내 부모와 입맞추게 하소서 그리한 후에 내가 당신을 따르리이다 엘리야가 그에게 이르되 돌아가라 내가 네게 어떻게 행하였느냐 하니라 엘리사가 그를 떠나 돌아가서 한 겨릿소를 가져다가 잡고 소의 기구를 불살라 그 고기를 삶아 백성에게 주어 먹게 하고 일어나 엘리야를 따르며 수종 들었더라"왕상 19:19-20.

엘리사는 글자 그대로 돌아갈 다리를 완전히 불태워버렸다. 우리 주님은 우리가 이런 헌신을 하기 원하신다. 하지만 누가복음에 나온 제자 후보생들처럼 우리도 속으로는 "그건 어렵겠는데요"라고 말하고 싶어한다.

제자 후보생들이 꾸물거리면 결국 주님을 섬기는 일이 지체된다. 교회에서 보면 "선교지로 가겠습니다"라고 하는 사람들은 많은데 실제로 나가는 사람들은 별로 없다. 뒤로 잡아끄는 힘이 너무 강해서다. 선교에 관심 없는 이성에게 마음이 끌려 포기하는 경우, 돈 벌고 부자가 되고 싶은 욕구에 끌려 포기하는 경우, 자기 부인의 가시밭길보다 쉽고 안락한 생활이 좋아서 포기하는 경우 등 많은 요인들이 헌신하는 사람들을 뒤로 잡아끈다.

그때의 갈등은 이루 말할 수 없다. 언젠가 영국의 케임브리지대학에 다니는 대학생 한 명과 이야기를 나눈 적이 있었다. 그는 선교사의 사명을 받았으나 난처한 선택을 해야 하는 상황에 처해 있었다. 2천 명의 사원을 거느리고 자영업을 하는 아버지가 그에게 사업을 물려주고 싶어 했던 것이다. 하지만 그렇게 하면 선교사로서 해외에 나가는데 큰 걸림돌이 될 것이 자명했다. 그 청년은 그 문제로 고민하고 씨름을 하다가 결국은 하나님의 뜻을 따르겠다고 값진 선택을 했다. 참으로 감동적인 순간이었다.

예수님은 아주 명백하게 말씀하셨다. "손에 쟁기를 잡고 뒤를 돌아보는 자는 하나님의 나라에 합당하지 아니하니라." 자, 함께 다음의 기도를 올려보자.

뒤돌아서지 않게 도와주소서.
제 손은 쟁기를 잡고 있사오니
제 떨리는 손을 잡아주소서.
광야와 적막한 장소에서
외로운 사막의 샛길에서
돌아서지 않도록 도와주소서.

손에 잡은 쟁기의 손잡이는

눈물과 땀으로 얼룩졌습니다.

쟁기의 날은 녹슬고 닳았습니다.

하지만, 하지만,

나의 하나님이여, 나의 하나님이여,

제가 돌아서지 않도록 도와주소서.

_ 작자 미상

묵상을 · 위한 · 질문

1. 이 장에 나온 세 가지 형태의 제자후보생을 보면서 당신은 현재 어떤 제자에 해당한다고 생각하는가?

2. 성급하고 충동적인 제자는 진정한 제자도에 대해 어떤 점을 깨달아야 하겠는가?

3. 전적으로 헌신하지 않는 제자들에게는 어떤 일이 일어나겠는가?

5
제자의 주인

"너희가 나를 선생이라 또는 주라 하니
너희 말이 옳도다 내가 그러하다"
_ 요한복음 13:13

"만유의 주 되신 예수 그리스도…"
_ 사도행전 10:36

이 시대 뜨거운 논란이 되고 있는 것 중의 하나가 권위에 대한 문제다. 가정이든, 교회든, 학교든, 지역사회든, 가는 곳마다 권위가 논란이 되고 있다. 정부 권위에 대항하는 세력이 나타나면 법질서가 무너지면서 범죄와 폭력이 급증한다.

중심 권력이 강하지 않으면 어느 국가나 단체든지 간에 혼돈과 무질서에 빠진다. 배에는 선장이 있어야 하고, 왕국에는 왕이 있어야 하고, 집에는 가장이 있어야 모든 기능이 제대로 돌아가게 된다.

이 세상의 이치가 그렇다면 영적인 세상도 마찬가지다. 결국 중요한 문제는 "누구의 손에 최종 권위가 쥐어져 있는가?"이다. 사실 그리스도인에게는 두 가지 경우밖에 존재하지 않는다. 권위가 주님의 손에 있거나 내 손에 있는 것이다. 성경은 누구의 손에 있어야 하는지를 분명히 하고 있다. "만유의 주 되신 예수 그리스도."

주재권 구원

한때 개신교계를 뜨겁게 달구었던 주제는 '주재권 구원'lordship salvation 이었다. '주재권 구원'이란 예수 그리스도를 구세주로 믿고 그분의 권위에 순종해야 구원을 받는다는 주장이다. 이런 주장을 펼치는 사람 중에는 불신자가 예수 그리스도를 주님으로 영접하도록 시키는 것도 복음을 왜곡하는 것이며 성경적 구원론의 확대해석이라고까지 말하는 사람들도 있다. 토마스 L. 컨스터블Thomas L. Constable 은 "구원을 받기 위해 필요한 것은 오로지 복음을 믿는 것이다"라고 말했다.

어느 쪽의 주장을 펼치건 하나님을 사랑하는 그리스도인들이고 이 시대 복음의 순수성을 지키자는 취지로 이야기했다는 점에서 그들의 의견을 존중하기는 하지만 양측의 관점이 옳다고 보기는 어렵다.

예수 그리스도의 구세주 되심과 주권을 별개로 생각하는 것은 온전한 가르침이 아니다. 단순히 하나의 교리적 사실을 믿었다고 해서 구원을 받는 게 아니라 우리의 죄를 위해 돌아가신 만유의 주 예수님을 신뢰하고 자신을 맡겨야 구원을 받는다.

만약 예수님을 믿어 구원은 받지만 그분에게 인생의 주권을 맡기는 것은 거절할 수도 있다고 말한다면 그거야말로 말도 안 되는 논리라고 반박하고 싶다. 구원을 받을 때 그 두 가지를 따로따로 취급해도 되는 게 아니다. 다시 말해서 "나는 예수님을 구주로 영접하지만 예수님의 주권에 대한 문제는 나중에 생각해서 그분의 뜻에 따를지 아닐지를 결정하겠다"라고 말할 수 없다는 이야기다. 이것은 성립이 불가능한 이야기일 뿐 아니라 성경적 근거도 없는 이야기다.

물론 예수님을 진심으로 영접한 사람들이 제대로 가르침을 받지 못해 예수님의 주권에 전적으로 순복하지 못하는 사람들이 있다. 그런 경우 그들은 고의로 예수님의 주권을 거부한 것은 아니다. 그러나 그들이 정말로 구원을 받았는지를 증명하는 여부는 예수님의 주권에 대해 알게 되는 즉시 그분께 순복하는 삶을 사느냐 아니냐에 달려 있다고 해야 한다.

예수님은 자신을 믿으라고만 하시지 않고 자신의 제자가 되라고 하셨다. 제자는 단순히 믿기로 '작정'하거나 교리를 믿어서 되는 것이 아니다. 예수 그리스도에 대해 배우고 배운 것을 그대로 순종하며 실천하는 사람이 제자다. 예수님은 모든 민족에게 가서 신자가 아닌 제자를 만들라고 하셨다 마 28:19. 물론 믿어야 구원을 얻지만 신자와 제자는 결코 동의어가 아니다.

베드로는 이방인 고넬료의 집에서 설교하는 중에 "만유의 주 되신 예수 그리스도"라고 말했다. 하지만 그가 항상 주님의 뜻에 순복했던 것은 아니다. 고넬료 집을 방문하기 앞서 그는 온갖 짐승과 새들이 담긴 큰 보자기가 하늘에서 내려오는 환상을 보았다. 환상 중에 한 목소리가 "베드로야 일어나 잡아 먹어라"고 했지만 베드로는 "주여 그럴 수 없나이다 속되고 깨끗하지 아니한 것을 내가 결코 먹지 아니하였나이다"

라고 말했다행 10:13-14. 베드로는 정면으로 반대의사를 밝혔다가 질책을 들었다. 예수님이 정말 자신의 주님이라면 '그럴 수 없나이다'라고 말할 수 없다. '그럴 수 없나이다'라는 말은 예수님의 주권을 부인하는 말이다.

우리도 가끔은 베드로와 같이 행동하지 않는가? 성령께서 우리에게 기도하라, 전도하라, 베풀라, 용서하라, 죄를 끊으라, 선교사로 나가라 등 어떤 일을 하라고 하실 때 '주여 그럴 수 없나이다'라고 말하지 않는가?

예수님은 자신의 주위에 모여든 군중을 향해 이렇게 설교를 매듭지으셨다. "너희는 나를 불러 주여 주여 하면서도 어찌하여 내가 말하는 것을 행하지 아니하느냐"눅 6:46. 예수님의 주권을 인정하는 것은 '주여 주여'라고 입으로만 되뇌는 게 아니다.

마하트마 간디는 애국지사인 동시에 신비주의자였다. 예수님을 한 사람의 인간으로서 존경했던 간디는 언젠가 이런 말을 한 적이 있다. "나는 그리스도에게만 왕관을 씌워 줄 수 없다. 신은 거듭해서 환생한다고 믿기 때문이다." 간디는 예수님을 부처, 무함마드, 공자, 조로아스터, 그 외 다른 종교 지도자들과 동일시했을 뿐 만유의 주로 인정하지는 않았다. 하지만 예수님이 인간에게 요구하시는 것은 그분을 만유의 주로 인정하는 것이며 그분만이 주님이기에 그것은 지극히 당연한 일이다.

이사야는 "여호와 우리 하나님이시여 주 외에 다른 주들이 우리를 관할하였사오나"라고 말했다사 26:13. 이사야가 '주 대신에'라고 하지 않고 '주 이외에'라고 말한 점에 주목하기 바란다. 이스라엘 백성들은 여호와 하나님을 완전히 배척했던 것이 아니라 다른 신들을 하나님과 함께 숭배하고 있었다. 그러나 하나님은 다른 신을 허락하거나 사람들의 숭배가 나누이는 것을 가만히 두고 보는 분이 아니다. 정상적인 여인이라면 남편의 사랑을 다른 여성과 나눠 갖고 싶지 않을 것이다. 그러나 이스라엘 백성들은 바로 그런 짓을 하고 있었다.

'다른 주'들은 여러 가지 형태를 하고 있다. 어떤 사람에게는 사업의 형태를, 어떤 사람에게는 돈이나 운동의 형태를 하고 있다. 무엇이든 예수님의 자리를 대신 차지하고 있다면 바로 그것이 '다른 주'다. 이런 '다른 주'들은 그 자체로는 잘못된 것이 없지만 그것이 우리의 시간과 애정을 과도하게 차지하고 진정한 주님을 내몰고 마는 결과를 초래하기에 문제가 되는 것이다.

예수님을 영접함과 동시에 그분을 삶의 주인으로 모셔드리는 것이 최상의 일이다. 믿지 않는 사람에게 복음을 전할 때에는 예수님이 하셨던 대로 제자로서 치러야 할 희생과 대가에 대해 숨기지 말아야 한다. 예수님은 그 점에 대해 한 치의 숨김도 없이 이야기하셨고 매우 솔직하셨다. 불행히도 우리가 전도할 때에는 늘 그렇지 못한 게 사실이다.

사도 바울은 예수님을 구주로 영접한 순간에 예수님을 위해 어떻게 살아야 하는지를 즉시 깨달았다. 바울은 "주님, 누구시나이까?"라는 질문에 대답을 듣자마자 예수님이 실제로 하나님의 아들이었음을 알게 되었다. 그래서 그가 두 번째로 물은 질문은 "주님, 무엇을 하리이까?"였다 행 22:10. 두말할 나위 없이 예수님의 주권을 인정한 행위였다. 그 뒤에 기록된 사도 바울의 인생을 보면 주님에 대한 헌신이 언제나 한결같았음을 볼 수 있다. 신약 시대에 예수님을 구주로 고백하는 사람은 대내외적으로 번복할 수 없는 그리스도의 삶을 살아야 했다는 점을 기억해야 한다. 오늘날에도 예수 그리스도를 구주로 명백히 고백해야 하고 교회의 모든 일과 교인들의 전 삶의 궁극적 권위를 가진 분이 예수님 한 분임을 강조해야 한다.

원수 마귀는 우리가 예수님을 따르지 못하도록 언제나 우리를 유혹하려 한다. 그렇기 때문에 제자들 중에 변심을 하는 사람도 생기는 것이다. 예수님의 말씀이 자신의 세상적 욕심과 탐욕에 반대되면 '내 인생은 나의 것' 체제로 돌아가 버린다.

하지만 예수님은 분단 왕국을 통치하시는 분이 아니다. 만일 당신의 삶에서 예수 그리스도를 주로 모셔 들였다면 엄숙하게 다음의 질문을 해 보라. '예수님은 지금도 내 일상의 모든 삶에서 왕이신가?' 설사 변심을 하고 등을 돌렸던 사람이라도 죄를 회개하고 다시 한 번 헌신을 다짐한다면 예수님은 그의 삶에 왕으로 재등극하실 것이다. 얼마나 감사한 일인가?

예수님의 주권이란?

예수님의 주권에 순복한다는 말이 구체적으로 무엇을 의미하는지 살펴보자.

주님께 대한 전적인 순종. "너희 마음에 그리스도를 주로 삼아"벧전 3:15.

이 말씀에서의 동사는 명령형이다. 즉 의지적으로 확실하게 행동하라고 요구하는 것이다. 그렇게 할 때 우리는 그리스도의 발밑에 완전히 순복하게 되는 것이다. 사도 바울은 예수님의 죽음과 부활의 목적이 바로 그것이었다고 말했다. "이를 위하여 그리스도께서 죽었다가 다시 살아나셨으니 곧 죽은 자와 산 자의 주가 되려 하심이라"롬 14:9.

나폴레옹 전쟁 당시 넬슨 제독은 어느 해상 전투에서 프랑스 함대와 싸워 승리하게 되었다. 패배한 함대 사령관은 항복을 하기 위해 전함을 이끌고 넬슨이 타고 있는 전함으로 다가왔다. 그는 옆에 칼을 찬 채로 웃는 얼굴로 넬슨 제독에게 다가가서 승자를 향해 손을 내밀었다. 넬슨 제독은 미동도 하지 않고 나직한 음성으로 이렇게 말했다. "칼 먼저 내려놓으시지요." 칼을 내려놓는 것은 상대를 향한 항복의 표시였다.

우리도 사도 바울처럼 반항과 아집의 칼을 내려놓아야 한다. 그렇게 할 때에만 예수님의 뜻이 우리 삶의 법이 될 것이다. 우리가 변함없이 지녀야 할 자세는 "주의 뜻이 하늘에서 이룬 것같이 내 안에서도 이루어지이다"이다. 순종이란 우리의 권리를 완전히 내어줌을 뜻한다. 겁나는 이야기처럼 들리지만 수많은 사람들이 그 길만이 진정으로 복 받는 길임을 증언하고 있다.

저를 포로삼아 주옵소서, 주여.
그럼 저는 자유할 것입니다.

제 칼을 당신께 드리게 만드소서.

그럼 저는 승리자가 될 것입니다.

_ 조지 매시슨 George Mathieson

예수님의 소유권 인정. "만유의 주 되신 예수 그리스도"행 10:36.

'주'主라는 말은 자신의 소유물을 좌지우지하는 소유권에 대한 개념을 갖고 있다. 그 사실을 실생활 속에서 인식하지 않는 한 주님은 우리를 다스릴 수 없고 우리는 명목상의 그리스도인이 될 뿐이다. 우리는 창조되었기에 그분의 것이고 구속을 받았기에 그분의 것이다. 또한 이제는 자발적 순종으로 그분의 것이 되었다. 우리가 가진 모든 것은 주님으로부터 잠시 맡았을 뿐 우리의 소유가 아니다. 다만 주님이 주신 선물들을 누리고 즐길 수는 있다. 하나님은 "우리에게 모든 것을 후히 주사 누리게 하시는" 분이다 딤전 6:17.

영국 허더스필드의 존 램즈던 John Ramsden 경 이야기는 그런 면에서 매우 흥미로운 일화라고 할 수 있다. 나는 허더스필드에 살았던 한 노인으로부터 그 이야기를 직접 확인한 바 있다. 그 노인은 어린 시절 퀘이커 교도의 심부름을 해 주고 그 대가로 오렌지와 *1*페니를 받곤 했다고 한다.

존 램즈던 경은 허더스필드 지역이 요크셔와의 지리적 이점 때문에 상업적 요충지로 발전할 가능성이 있음을 일찍부터 짐작했다고 한다. 땅에 투자를 해 두면 그것이 언젠가 막대한 가치를 지닐 것이 분명했다. 그래서 램즈던 경은 조용히 주택과 토지를 구입하기 시작했고 몇 년 후에는 마을 전체의 땅을 대부분 소유하게 되었다. 그러나 그 마을에 살고 있는 한 퀘이커 교도는 자신의 오두막과 밭을 팔려하지 않았다.

부동산 업자는 도저히 그 퀘이커 교도를 설득할 수 없을 것이라고 만류했지만 램즈던 경은 자신이 직접 만나면 이야기가 달라질 것이라며 그를 찾아갔다. 그는 퀘이커 교도에게 예를 갖춰 인사한 후 "제가 왜 이 댁을 찾아왔는지 짐작하실 거라 생각합니다"라고 말문을 열었다.

그러자 퀘이커 교도는 이렇게 대꾸했다. "예, 압니다. 당신이 제 집과 밭만 제외하고 허더스필드의 땅을 전부 사들였다고 들었습니다. 부동산업자가 저를 찾아와 집과 밭을 팔라고 간곡히 애원하더군요. 하지만 저는 팔고 싶지 않습니다. 이 집은 제 취향에 맞추어 지었고 제가 살기에 매우 편리합니다. 정원과 밭도 그렇지요. 그런데 제가 왜 팔아치우겠습니까?"

그 말을 듣고 있던 램즈던 경이 이렇게 제안했다. "저는 당신에게 아주 유리한 거래를 제시하겠습니다. 만일 당신이 팔겠다면 이 집 주변과 밭에 1인치마다 금화 한 개씩 놓아두겠습니다." 램즈던 경은 그 정도의 제안이면 충분히 설득력이 있을 거라고 자신하면서 퀘이커 교도에게 다시 한 번 물었다. "자, 파시겠습니까?"

그러자 퀘이커 교도는 장난기 어린 눈으로 대꾸했다. "그 금화들을 전부 세워서 놓는다면 팔겠습니다." 물론 말도 안 되는 이야기였다. 결국 협상은 물거품이 되었다는 생각에 램즈던 경은 자리에서 일어났다. 그가 집을 나서려고 하자 퀘이커 교도는 그에게 이렇게 말했다. "램즈던 경, 허더스필드는 엄연히 당신과 내 소유라는 것을 잊지마시오."

퀘이커 교도가 그 마을에서 차지한 땅은 지극히 작은 부분에 불과했지만 그는 자기 집에 가기 위해 램즈던 경이 소유한 허더스필드 지역을 당당히 통과할 수 있었다.

우리가 날마다 살아가면서 예수 그리스도의 주권을 일부분만 인정하려 한다면 그와 동일한 일이 일어날 것이다. 사탄이 예수님을 향해 "저 제자는 나와 당신에게 속해 있소! 비록 그가 기독교 사역자지만 나는 저 사람 인생의 일부를 내 맘대로 할 수 있소!"라고 말한다고 생각해 보라. 실생활에서 예수님이 주인이 되지 못한다면 그 사람의 인생은 결국 두 가지 이해관계가 맞부딪치는 전쟁터가 되고 만다.

무조건적인 순종. "너희는 나를 불러 주여 주여 하면서도 어찌하여 내가 말하는 것을 행하지 아니하느냐?" 눅 6:46.

자신의 삶에 예수님이 주인이심을 보여 주는 가장 명확한 증거는 마음으로부터 우러나온 순종이다. 우리가 아무리 헌신을 다짐해도 주님의 뜻을 거역한다면 헌신은 퇴색한다. 백번의 말보다 한번의 실천이 나은 법이다. 무슨 말을 하느냐가 아니라 무엇을 하느냐가 관건이다.

갈보리 언덕에서 하나님 아버지의 사랑이 드러나지 않았다면 우리는 하나님의 명령이 너무 일방적이고 가혹하다고 생각했을지도 모른다. 그러나 갈보리의 사랑은 우리의 두려움을 일시에 잠재우고도 남을 정도로 뜨겁고, 진실하고, 강력했다.

독일의 어느 마을에 오르간 연주자가 있었다. 어느 날 그는 교회 오르간에서 멘델스존의 곡을 연습하고 있었다.

그의 연주 솜씨는 그다지 훌륭한 편이 못 되었다. 그때 한 낯선 남자가 살그머니 그 교회에 들어와 어두컴컴한 뒤쪽 좌석에 앉아 있었다. 오르간 연주자의 연주가 시원치 않은 것을 눈치 챈 그는 연주를 끝내고 돌아가려는 오르간 연주자에게 대담하게 다가가서 "죄송하지만 제가 좀 오르간을 연주해도 되겠습니까?"라고 물었다.

연주자는 얼굴을 찌푸리며 "안 됩니다! 나는 어느 누구도 이 오르간에 손대는 것을 싫어합니다!"라고 대꾸했다.

"한번만 치게 해 주시면 정말 영광으로 생각하겠습니다."

두 번째 부탁도 거절한 연주자는 그 남자가 세 번째로 부탁하자 할 수 없다는 듯이 마지못해 오르간을 쳐 보도록 허락했다.

남자는 오르간 앞에 앉아서 방금 전에 들었던 동일한 곡을 연주하기 시작했다. 놀랍게도 오르간에서는 완벽한 곡조가 흘러나왔다. 동일한 곡임에도 불구하고 이전의 연주와는 전혀 다른 훌륭한 음악이었다. 마치 교회 전체에 천상의 음악이 울려 퍼지는 듯했다.

오르간 연주자는 의아한 표정으로 그에게 물었다. "대체 당신은 누구십니까?"

남자는 조용하게 "제 이름은 멘델스존입니다"라고 대답했다.

그 말에 오르간 연주자는 눈이 휘둥그레지면서, "뭐라고요? 아니, 그럼 제가 방금 작곡가의 연주를 거부했단 말입니까?"라고 소리쳤다.

우리 삶의 어느 부분도 예수 그리스도의 주권에서 벗어나지 않도록 노력하자.

이 글을 읽는 독자들 중에는 혹시 이런 생각을 하는 사람들이 있을지 모른다. '나는 예수님이 내 인생의 주인임을 인정하고 그분의 뜻대로 살기를 원하지만 내 의지가 너무 약하다. 그래서 중요한 순간에 넘어지고 만다. 항상 예수님의 뜻대로 살려면 어떻게 해야 하나? 어떻게 하면 그분이 내 인생의 보좌에 계시도록 할 수 있을까?'

사도 바울도 그런 인간적 고뇌를 이해했기에 다음과 같이 이야기했다. "성령으로 아니하고는 누구든지 예수를 주시라 할 수 없느니라"고전 12:3, 영어 성경에는 동사가 현재진행형으로 되어 있다. 즉 "누구든지 예수를 계속해서 주시라 할 수 없느니라"고 해석할 수 있다-역주.

제자들이 그리스도의 뜻을 따라 살 수 있도록 만들어 주기 위해 성령이 오셨다. 성령은 무엇보다 기쁘게 그 일을 하신다. 우리의 마음을 세상적인 것에서 떼어 놓고 사랑으로 주님께 다가가도록 하신다. 우리의 연약한 의지를 강하게 하셔서 하나님의 뜻을 따를 수 있도록 도우신다.

다른 주主들은 오래 전에 떠나보내고
이제는 당신의 이름만 듣습니다.
당신의 음성에만 순종합니다.
날마다, 시간마다 드리는 저의 기도는
제 마음 당신 것이 되게 하시고
당신만을 위해 살게 해 달라는 것입니다.
_ *F. R.* 하버갈 F. R. Havergal

묵상을 · 위한 · 질문

1. 당신은 날마다의 삶 속에서 어떻게 예수님의 주권을 인정하며 사는가?

2. 예수님을 영접해서 구원을 받는 것과 자신의 삶에 예수님의 전적인 주권을 인정하는 것이 별개의 결정이라고 주장하는 사람을 만난다면 뭐라고 이야기하겠는가?

3. 존 램즈던 경의 이야기와 멘델스존의 이야기를 읽으면서 당신은 어떤 생각을 했는가?

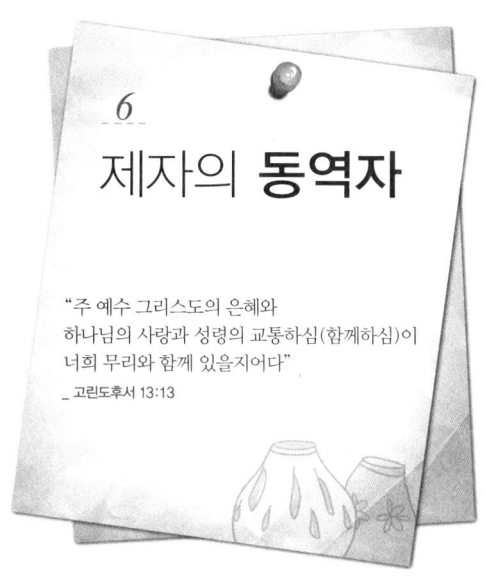

6
제자의 동역자

"주 예수 그리스도의 은혜와
하나님의 사랑과 성령의 교통하심(함께하심)이
너희 무리와 함께 있을지어다"
_ 고린도후서 13:13

사업가가 사업을 확장하려고 때 자금이 부족해서 곤란을 겪는 경우가 있다. 그럴 때 사업가는 신문에 다음과 같은 광고를 낸다. "전도유망한 사업에 참여하실 자본을 가진 사업파트너를 구함."

그리스도인의 삶을 사는 일은 높고 숭고한 이상을 좇아가야 하는 일이기에 홀로 감당하기에는 너무 벅차다. 성공적인 삶을 살기 위해서는 함께할 파트너가 절실히 필요하다.

성경에는 우리가 가진 영적 자본의 미약함을 절실히 깨닫도록 만드는 구절들이 있다. 그런 구절들은 다른 도움 없이 우리 혼자 힘으로 해내기에 불가능한 일들을 요구한다. 특히 다음에 제시하는 말씀들은 의욕을 북돋아 주는 것이 아니라 우리의 불완전함을 되돌아볼 때 오히려 의욕을 꺾어 놓는다.

"그러므로 하늘에 계신 너희 아버지의 온전하심과 같이 너희도 온전하라"마 5:48.

"기록되었으되 내가 거룩하니 너희도 거룩할지어다"벧전 1:16.

"범사에 우리 주 예수 그리스도의 이름으로 항상 아버지 하나님께 감사하며"엡 5:20.

"아무것도 염려하지 말고"빌 4:6.

"쉬지 말고 기도하라"살전 5:17.

얼마나 불가능한 말씀들인가! 어떻게 평범한 남녀들이 그토록 차원 높은 영적 성숙에 도달할 수 있단 말인가? "사도 바울은 그렇게 높은 수준에 이르렀는지 모르지만 나는 바울이 아니야!"라고 말하고 싶을 것이다.

그렇다면 하나님은 불가능한 것을 요구해서 우리를 실패자로 몰아가시는 비이성적인 하나님이란 말인가? 그렇지 않다. 우리가 영적으로 부족하다는 점을 인식해야 그 부족함을 채워 줄 영적 자원을 가진 파트너의 필요성을 깨닫게 된다.

어느 문제나 마찬가지이지만 모든 게 풍족하신 우리의 하나님 아버지는 성령을 통해 우리가 필요한 모든 것을 채워 주기 원하신다. 예배 끝에 늘 듣는 축도가 바로 그런 사실을 내포하고 있다. "성령의 교통하심이 너희 무리와 함께 있을지어다"고후 13:13.

'교통하심'의 헬라어 원어 '코이노니아'는 현대 기독교인들에게도 널리 알려진 단어다. 원래 그 뜻은 '동역자, 동역관계, 파트너십, 성령으로부터 나온 것을 공유함'이다.

굳이 성경본문을 분석하지 않더라도 성삼위 중의 한 분인 성령께서 주님을 증거하며 살아가는 제자들에게 적극적으로, 뒤에서 돕는 동역자가 되어 주시겠다는 놀라운 제안임을 알 수 있다.

신약 성경에는 코이노니아가 다섯 번이나 '파트너, 동역자'로 번역되어 있다. "이에 다른 배에 있는 동무들영어 성경에는 'partners'라고 되어 있음-역주에게 손짓하여 와서 도와 달라 하니"눅 5:7. 따라서 "성령의 동역자 되심"은 본문을 보거나 어원론을 따져도 모두가 성립되는 개념이다.

동역자의 인격

이 장을 읽는 독자들은 성령의 인격에 대한 교리를 대부분 믿고 있을 것이다. 성령은 우리의 목적을 위해 이용할 수 있는 단순한 힘이나 영향력이 아니라 인격을 지닌 신이시다. 우리는 그와 같은 교리를 믿지만 과연 일상의 삶 속에서도 그분을 인격으로 인정하며 존중하고 있는가? 사실 살다 보면 성령을 잊거나 무시하는 경우가 허다하다. 하지만 성령은 우리 삶의 모든 영역에서 역사하시는 분이다.

예수님은 자신이 이 세상을 떠날 때가 되었다고 말씀하시면서 자신의 뒤를 이어 보혜사영어로는 'Comforter', 즉 '위로자'로 번역되어 있음-역주가 제자들에게 오실 거라고 하셨다. 그 전에 마음을 살피라는 의미심장한 말씀도 하셨다. "너희가 나를 알았더라면 내 아버지도 알았으리로다"

요 14:7. 그와 더불어 주님은 다음과 같이 이야기하셨다.

"너희가 나를 사랑하면 나의 계명을 지키리라 내가 아버지께 구하겠으니 그가 또 다른 보혜사를 너희에게 주사 영원토록 너희와 함께 있게 하리니 그는 진리의 영이라 세상은 능히 그를 받지 못하나니 이는 그를 보지도 못하고 알지도 못함이라 그러나 너희는 그를 아나니 그는 너희와 함께 거하심이요 또 너희 속에 계시겠음이라"요 14:15-17.

예수님은 우리가 그분을 알고, 하나님 아버지를 알고, 성령을 아는 것에 대해 말씀하셨다. 하나님을 아버지라는 친숙한 개념으로 말씀하신 것은 사람들 모두에게 아버지가 있어서다 비록 이상적이지 못한 아버지상이 많기는 하지만. 어쨌든 하나님은 완벽한 아버지라고 상상해 볼 수 있다. 우리는 하나님을 아버지로서 알고 있다.

예수님을 하나님의 아들이라는 개념으로 이해하는 것도 큰 어려움이 없다. 예수님은 이 땅에 오셔서 스스로를 인자人子라고 부르며 온전한 인성을 가지신 분임을 드러내셨다. 심지어 그분은 인간으로서의 연약함과 한계성죄와 상관없는도 지니신 분이었다. 우리는 예수님을 구세주요, 주님으로 알고 있다.

하지만 과연 우리는 성령님에 대해서 얼마나 알고 있을까? 성부 성자와 동일한 사랑과 존귀를 받으실 대상으로 알고 있는가? 우리는 성령께서 도와주시고 날마다의 삶에 힘을 주시는 걸 좋아하는가? 아니면 성령은 왠지 개념이 불분명하고 막연하게 느껴지는 신비로운 존재인가?

그런 면에서 예수님이 하셨던 말씀 중에 '또 다른 보혜사', 혹은 '위로자' Comforter라는 단어의 의미를 살펴볼 필요가 있다. 헬라어로 "다른"이라는 단어는 두 가지 의미로 사용되었다. 하나는 '완전히 종류나 성격이 다른 것'이고 또 하나는 '완전히 똑같은 종류나 성격의 다른 것'이다. 예수님이 사용하신 '다른'은 두 번째 것이었다. 즉 예수님이 자신을 대신해서 보낼 분은 그분과 정확하게 동일한 분이라고 제자들에게 힘주어 이야기하신 것이다. 예수님이 보내는 분은 그분처럼 사랑이 깊고, 온유하고, 자상한 분이기에 예수님이 떠나는 것이 오히려 더 유익할 것이라는 뜻이었다요 16:7. 자, 이제 성령님의 진짜 모습에 대한 수수께끼가 어느 정도 풀렸는가? 성령은 정확히 예수님 같은 분이시다.

성령은 일상의 삶 속에서 우리와 동행하기를 원하시는 분이니 우리가 그분을 더 잘 알아야 하지 않겠는가?

동역의 목적

이 세상에서의 동역이나 동업 관계가 성공하기 위해서는 서로간의 신뢰와 애정이 무엇보다 중요하다. 아울러 목표와 이상이 같아야 분란이 생기지 않는다.

언젠가 나는 동업을 해서 재산권을 행사할 수 있는 자리에 임명된 적이 있었다. 나와 동업한 사람들은 성격은 강직했지만 사업과 관련해서는 나와 정반대의 견해를 갖고 있었다. 우리는 서로의 관점이 너무도 첨

예하게 대립하는 바람에 결국 동업관계를 포기하고 사업을 처분할 수밖에 없었다. 동업관계가 성공하려면 상호신뢰와 더불어 같은 목표를 추구해야 한다.

하나님 나라의 거대한 사업을 수행하기 위해 성령께서 이 땅에 내려오셨다. 그분의 사명은 인류의 구원과 버금갈 막중한 사명이다. 그 사명을 감당하기 위해 성령은 우리와 함께 동역하기를 원하신다.

예수님은 성령의 기본적인 사역을 다음의 한마디로 요약하셨다. "그가 내 영광을 나타내리니" 요 16:14. 예수님의 목적이 하나님 아버지를 영화롭게 하기 위함이었던 것처럼 요 17:4 성령의 목적은 예수님을 영화롭게 하는 것이다. 우리가 정말로 성령님과 동역하게 되면 우리의 목적도 그분과 동일해진다. 우리의 소원이 진정으로 예수님을 영화롭게 하는 것이라면 당연히 최고의 동역자에게 도움을 구해야 한다. 집이건, 학교건, 사무실이건, 교회건, 어디서건 마찬가지다.

동역자의 위치

두 사람이 동업할 때 한 사람은 전면에 나서서 일하고 다른 한 사람은 조용히 뒤에서 자금을 대주며 조화를 이루는 경우가 있다. 그런 경우 뒤에서 돕는 사람은 하루하루 진행되는 업무에 직접 관련하지는 않지만 사업에 필요한 자금을 제공함으로써 중요한 기여를 하게 된다. 물론 사업에서 생기는 이익도 일정량 배당받는다.

그러나 성령은 뒤에서 바라만 보는 동역자는 아니다. 비록 일선에서 뛰는 눈에 보이는 존재가 아니라 눈에 안 보이게 돕는 동역자이기는 하지만 정말로 하나님의 사업이 번창하기 위해서는 성령이 최고의 동역자가 되어야 하고 모든 일의 전권을 쥐고 있어야 한다.

우리가 실패하는 대부분의 이유가 최고의 동역자가 해야 할 일을 자신이 해서가 아닐까? 그분이 우리를 사용하시도록 해야 하는데 우리가 그분을 이용하려고 했던 잘못이 가장 크지 않았을까?

기드온의 이야기가 그 대표적인 예라고 할 수 있다. 기드온은 성령과 자신의 위치를 정확하게 간파했기에 하나님의 손에 강력한 도구로 사용될 수 있었다. "여호와의 영이 기드온에게 임하시니" 삿 6:34.

말하자면 하나님은 기드온이라는 옷을 입으시고 사람들 사이를 다니시며 역사하셨던 것이다. 하나님은 기드온에게 능력을 주셔서 이스라엘 백성을 위해 빛나는 승리를 거두게 하셨다.

드와이트 L. 무디 Dwight L. Moody 부부가 시리아 해변에서 휴가를 보내고 있을 때 한 노인이 무디에게 "젊은이, 성령을 의지하게. 안 그러면 쓰러지고 말 걸세"라고 말하는 이야기를 들었다.

처음에는 그 말에 무척이나 화가 났다고 한다. "화가 났죠. 하지만 그 노인이 했던 이야기는 틀리지 않았습니다. 저는 고민하면서 계속 기도했습니다. 그러던 어느 날 밤 저는 세 번째 하늘과 같은 경험을 했습니다. 그 이후부터 제 영혼에는 모세의 불타는 떨기나무와 같은 불이 타오르기 시작했지만 제 영혼은 타 없어지지 않았습니다."

우리가 주님의 일을 하면서 성령을 의지하고 지속적으로 그분을 최고의 동역자로 모신다면 탈진하여 쓰러지는 일은 결코 발생하지 않을 것이다. 하나님의 일을 자신의 힘으로 하려고 해도 안 되고 하나님이 원치 않는 일을 시작해도 안 된다. 어떤 일이든 최후의 결정은 최고의 동역자이신 성령께서 하시도록 해야 한다.

명확한 동역관계

동역관계가 조화롭게 이루어지려면 동역하는 사람들끼리 동역관계를 명확하게 이해하고 구체적인 사항들을 꼼꼼하게 문서화해 둘 필요가 있다. 아무리 가까운 친구들끼리라고 해도 동역관계에 대한 상호간의 책임이나 혜택 등을 문서화하지 않고 무작정 동역하는 것은 절대 현명한 일이 아니다.

성령이 우리와 함께 동역할 때에는 어떤 관계가 성립해야 한다고 성경은 말하고 있을까? 인간관계에서도 흔히 볼 수 있는 다섯 가지 예를 들어 설명해 보겠다.

동역 계약서에 따라 일해야 한다. 성령의 영감으로 된 하나님의 말씀이 우리의 동역 계약서다. 하나님 나라를 위해 일할 때 아무런 지침이 없어 우왕좌왕하는 돌발사항은 절대로 발생해서는 안 된다. 우리가 해야 할 최우선적 의무는 그러한 지침을 익히고 그에 맞게 살아가는 것이다.

동역자들은 자신의 시간, 능력, 힘을 몽땅 일에 쏟아부어야 한다. 성령께서 스스로의 책임과 의무를 다할 것이라는 데에는 의심의 여지가 없다. 부활하신 주님은 언제든 도와주겠다고 약속하셨다. "오직 성령이 너희에게 임하시면 너희가 권능을 받고 예루살렘과 온 유대와 사마리아와 땅 끝까지 이르러 내 증인이 되리라"행 1:8.

예수님이 그러셨던 것처럼 그분의 제자들도 일신의 편안함과 이익을 버리고 하나님의 나라를 위해 열심히 일해야 한다. 세상과 육신과 사탄에게 좋은 일하는 사람과는 절대로 함께 동역하지 않으신다.

동역자 모두 각자의 자본금을 투자해야 한다. 이 시점에서 우리는 자신이 영적 빈털터리임을 솔직히 인정해야 한다. 대체 우리가 기여할 만한 것이 무엇이 있겠는가? 제임스 M. 그레이James M. Gray는 우리의 모습을 다음과 같이 묘사했다.

나에겐 아무것도 없다네
받은 것 외에는,
은혜를 주셨네
내가 믿은 다음부터,
다시 한 번 말하네
나는 오직 죄인일 뿐이라고,
은혜로 구원받은.

내가 성령과 동역하면서 투자할 수 있는 자본이란 주님의 은혜로 구원받은 성품밖에 없다. 그 성품 안에 능력과 가능성이 들어 있는 것이다. 비록 가진 것은 없지만 우리는 하나님의 형상으로 창조되었기 때문에 성령께서 우리를 받아주시는 것이다. 그러므로 우리가 투자할 것은 다음과 같다.

> 모든 것을 주 위해, 모든 것을 주 위해
> 구원받은 내 모든 존재를 주 위해
> 내 모든 생각과 말과 행동을 주 위해
> 내가 사는 모든 날과 시간을 주 위해

그러면 성령은 무엇을 투자하실까? 성령은 "측량할 수 없는 그리스도의 풍성함"을 우리에게 주신다 엡 3:8. 성령이 투자하는 자본의 일부는 "지혜와 지식의 모든 보화"다 골 2:3. 왜 우리는 더욱 효과적인 사역을 할 수 있도록 우리에게 주어진 것들을 활용하지 못하는가?

어느 청년이 사업을 시작했는데 사업이 급속도로 성장하기 시작했다. 그는 사업계에서 이름난 사업가도 아니었고 자본금도 변변치 못했다. 그럼에도 불구하고 전혀 사업자금이 부족해 보이지 않았다. 사실은 그 청년에게 사업자금이 별로 없는 것을 알고 무명의 갑부가 뒤에서 도와주었기 때문이었다. 갑부는 청년에게 "당신은 사업을 시작하시오. 내가 뒤에서 자금을 대 주겠소"라고 이야기했다. 청년의 성공 비결은 바로 그것이었다. 마찬가지로 우리에게도 성령이 우리의 뒤를 든든히 받쳐 주고 계신다.

불화나 논쟁이 생겼을 때는 중재자에게 의뢰해야 한다. 우리가 동역

계약을 이행하지 못했을 때 그것을 중재하시는 분은 누구이겠는가? 평화의 비둘기가 내 마음속에서 날아가 버렸다면 그건 우리가 성령과 조화를 이루지 못하고 성령을 근심하게 했다는 증거다. 정직하게 자신의 죄와 잘못을 고백하고 순종하기로 결심한다면 평화의 비둘기는 다시 돌아올 것이다. 빌립보서 4장 7절이 그 사실을 이야기하고 있다. "그리하면 모든 지각에 뛰어난 하나님의 평강이 그리스도 예수 안에서 너희 마음과 생각을 지키시리라."

이익을 분배한다. 성령과의 동역관계는 어느 면에서 보아도 우리에게 최상의 혜택을 부여해 준다. 다른 동역관계와 달리 성령은 자기 자신의 이익을 챙기시지 않는다. 우리의 빈약한 자본에도 불구하고 성령은 모든 이익을 우리에게 주시면서 "하나님의 상속자요 그리스도와 함께 한 상속자"가 되게 하신다 롬 8:17.

동역의 혜택

우리가 성령과 함께 동역하면 어떤 풍성한 혜택이 기다리고 있는가?

성경공부할 때: 진리의 영이신 성령은 성경을 쓰도록 영감을 주신 분일뿐 아니라 성경을 해석해 주시는 분이다. 성령의 인도하심을 따라 말씀을 보게 되면 그 거룩한 말씀을 밝히 깨닫게 해 주신다. 우리 눈앞에 주님의 영광과 성품과 공로를 제대로 볼 수 있게 해 주신다. "예수 그리스도의 얼굴에 있는 하나님의 영광을 아는 빛"을 우리에게 비춰 주

신다 고후 4:6.

기도할 때: 성령은 우리에게 "은총과 간구하는 심령"을 부어 주시고 슥 12:10, "성령도 우리의 연약함을 도우시나니 우리는 마땅히 기도할 바를 알지 못하나 오직 성령이 말할 수 없는 탄식으로 우리를 위하여 친히 간구"하시는 역할을 맡아주신다 롬 8:26. 기도생활이 메마르고 열매가 없다면 성령이 약속하신 도움을 제대로 받았는지를 점검해야 한다.

사역할 때: 우리는 성령의 막강한 능력을 힘입어 하나님의 뜻 안에서 어떤 일이든지 할 수 있다. 부활하신 주님은 다음과 같이 약속하셨다. "오직 성령이 너희에게 임하시면 너희가 권능을 받고"행 1:8.

성품 함양에: 성령의 열심은 우리를 예수 그리스도를 닮은 사람으로 변화시켜 줄 것이다. 사도 바울은 이렇게 말했다.

"우리가 다 수건을 벗은 얼굴로 거울을 보는 것같이 주의 영광을 보매 그와 같은 형상으로 변화하여 영광에서 영광에 이르니 곧 주의 영으로 말미암음이니라"고후 3:18.

그 영광은 참으로 큰 의미를 지닌 영광이다.

묵상을 · 위한 · 질문

1. 제자가 되기 위한 요건들을 읽으면서 당신에게 불가능하다고 생각하는 부분은 무엇인가?

2. 당신은 성령 하나님과 어떤 동역관계를 이루고 있는가?

3. 당신이 성령 하나님과 동행하면서 체험한 은혜와 혜택은 어떤 것이 있었는가?

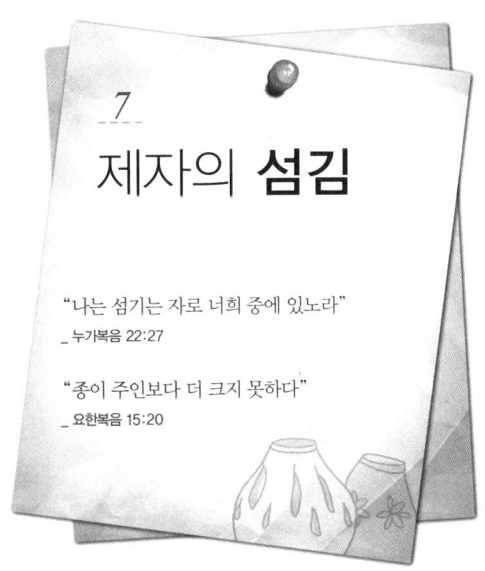

7
제자의 섬김

"나는 섬기는 자로 너희 중에 있노라"
_ 누가복음 22:27

"종이 주인보다 더 크지 못하다"
_ 요한복음 15:20

이사야의 예언서를 보면 '여호와의 종'이라는 말이 세 가지 의미로 사용되었음을 보게 된다. 첫 번째로는 이스라엘 나라를 의미했다. "나의 종 너 이스라엘아 내가 택한 야곱아…너를 부르고 네게 이르기를 너는 나의 종이라"사 41:8-9. 두 번째로는 하나님의 자녀들을 의미했다. "이는 여호와의 종들의 기업이요 이는 그들이 내게서 얻은 공의니라 여호와의 말씀이니라"사 54:17. 세 번째로는 이스라엘 사람들이 고대했던 메시아를 의미했다. "내가 붙드는 나의 종 내 마음에 기뻐하는 자 곧 내가 택한 사람을 보라"사 42:1.

하나님은 열방 중에 이스라엘을 택하셔서 열방 가운데 빛이 되게 하시고 그들을 통해 이 땅에 자신을 드러내기를 원하셨다. 그러나 이스라엘은 모든 면에서 하나님을 실망시켰다. 반면에 약속된 메시아 예수님은 이스라엘이 하지 못했던 헌신과 섬김을 완벽하게 하시면서 하나님과 인간 모두가 바랐던 이상적인 목표를 모두 달성해 주셨다. 이사야 *42장 1절*에서 *4절*은 메시아 예언에 관한 말씀으로써 여호와의 종이 보여 줄 이상적인 자질에 대해 이야기하고 있다.

예수님은 제자들의 발을 씻기신 후에 그들에게 이렇게 말씀하셨다. "내가 너희에게 행한 것같이 너희도 행하게 하려 하여 본을 보였노라…종이 주인보다 크지 못하고"요 13:15-16. 예수님의 마음가짐과 행동거지는 제자들의 본보기였다. 성경에 보면 예수님이 본을 보이기 위해 일부러 행동하셨다고 말한 적이 정확히 두 번 있었다. 한 번은 섬김에 대한 것이었고 다른 한 번은 고난에 대한 것이었다벧전 2:21.

섬김의 대표적인 예가 된 요한복음 *13장*의 사건은 예수님에게 결코 특별한 일이 아니었다. 예수님은 "어제나 오늘이나 영원토록 동일"하신 분이기 때문이다히 13:8. 예수님이 영원 전부터 늘 해 오시던 일을 특정한 시간에 좀 더 부각시켰을 뿐이다. 섬김의 원칙에 있어 가장 중요한 부분, 즉 가장 낮고 비천한 섬김이 가장 영예로운 일이라는 사실을 보여 주신 것이다. 하나님이 인간을 섬기시는 분임도 보여 주셨다. 이 세상에서 하나님처럼 인간을 지속적으로 섬기는 존재는 아무도 없다. 하나님은 모두를 섬기시기에 모두를 통치하실 수 있다.

예수님은 결코 정치적 의미에서 혁신적인 분이 아니었다. 하지만 영적 지도력이라는 면에서 그분의 가르침은 어느 누구도 따라가지 못할 만큼 혁신적이었다. 현대 사회에서 '종'이라고 하면 비천하다는 인상을 주지만 예수님은 오히려 '종'을 위대함이라는 단어와 동일시하셨다. "너희 중에 누구든지 크고자 하는 자는 너희를 섬기는 자가 되고 너희 중에 누구든지 으뜸이 되고자 하는 자는 모든 사람의 종이 되어야 하리라"막 10:43-44.

우리 중에 주인이 되고 상전이 된다는 데에 기분 나빠할 사람은 없을 것이다. 마찬가지로 종이나 노예가 된다는 데 구미가 당길 사람도 없을 것이다. 그러나 예수님은 종의 길을 걸으셨다. 세상의 눈으로 볼 때는 비상식적인 길이었고 쾌락과 안일에 젖어 있는 세상 사람들에게 비웃음의 대상이 될 거라는 사실을 주님은 모르시지 않았다. 그럼에도 불구하고 제자들을 더 끌어 모으기 위해 자신이 갖고 있는 신념을 타협하지 않으셨다.

한 가지 유의해야 할 점은 섬김의 중요성을 강조하시면서도 무조건 섬기라고 하지 않으셨다는 사실이다. 사실 불순한 동기로 섬기는 경우도 얼마든지 있다. 예수님이 강조하신 것은 섬김의 정신이었다.

예수 그리스도의 제자라고 자처하는 우리들은 예수님의 생애를 보면서 다음과 같은 점을 본받아야 한다.

신뢰와 의존

"내가 붙드는 나의 종…을 보라"사 42:1.

성육신하신 예수님이 자신을 비운 모습에서 참으로 놀라운 면이 바로 이런 면이다. 인간이 되신 예수님은 신의 속성과 특질을 스스로 박탈해 버린 것이 아니었다. 다만 자신을 비워서 자신의 의지와 능력에 한계를 두신 것이었다. 예수님은 "능력의 말씀으로 만물을 붙드시는" 분이었지만 히 1:3 인간이기에 짊어져야 할 모든 연약함 죄와 상관없는 을 그분도 짊어지셨다. 그렇기 때문에 예수님도 하나님의 붙드심이 필요한 존재가 되었다. 다음의 말씀이 그것을 증명한다. "내가 진실로 진실로 너희에게 이르노니 아들이 아버지께서 하시는 일을 보지 않고는 아무것도 스스로 할 수 없나니"요 5:19. "내 교훈은 내 것이 아니요 나를 보내신 이의 것이니라"요 7:16. "너희가 듣는 말은 내 말이 아니요 나를 보내신 아버지의 말씀이니라"요 14:24.

이러한 말씀은 모두 예수님이 하나님 아버지를 말과 행동 면에서 얼마나 의존하셨는지를 잘 보여 준다. 우리도 주님처럼 하나님을 의존하는가? 이와 같은 역설적인 모습이 예수님의 성육신이 보여 주는 놀라운 면의 하나다. "자기를 비워 종의 형체를 가지사" 종이 되신 예수님은 얼마나 놀라운가? 빌 2:7. 우리가 그와 같은 마음가짐과 태도를 가진다면 성령께서도 우리를 얼마든지 사용하실 것이다. 문제는 우리가 너무 독립적으로 행동한다는 것이다.

인정받음

"내 마음에 기뻐하는 자 곧 내가 택한 사람을 보라"사 42:1.

비록 자신의 종 이스라엘에게는 대단히 실망하신 하나님이었지만 독생자 예수의 태도와 사역에는 대단히 기뻐하셨다. 성경에 보면 하나님은 두 번에 걸쳐 영원의 침묵을 깨고 예수님을 향한 기쁨을 표현하셨다. 예수님이야말로 자기 자신을 망각할 정도의 철저한 희생과 헌신으로 섬겼던 종이었다. 그런 섬김의 향기는 구름을 뚫고 하늘로 올라갔다. 우리도 하나님이 택하신 종으로서 그분의 인정을 받도록 노력하자.

자신을 드러내지 않음

"그는 외치지 아니하며 목소리를 높이지 아니하며 그 소리를 거리에 들리게 하지 아니하며" 사 42:2.

다시 말해 예수님은 '목소리가 크거나 소리치지 않으셨다'는 말이다. 하나님의 종으로서 예수님의 공생애는 요란하거나 화려하지 않았다. 오히려 소박하면서 자신을 드러내지 않으셨다. 요즘처럼 자신을 광고하기에 바쁘고 어떻게든 목소리를 높이려고 기를 쓰는 세태에서 그런 모습이야말로 참으로 훌륭한 미덕이 아닐 수 없다.

사탄이 예수님을 성전 꼭대기에서 뛰어내리라고 유혹했던 것은 바로 그런 면을 시험하기 위함이었다. 다행히 예수님은 사탄의 교활한 덫에 걸리지 않으셨다. 오히려 자신의 기적을 여기저기 홍보하려는 사람들을 막으셨고 군중의 지나친 찬사를 회피하셨다. 자신의 명예나 명성을 높이기 위한 기적은 절대로 베풀지 않으셨다.

여섯 날개를 가진 천상의 천사들은 네 개의 날개로 얼굴과 발을 가린다고 한다. 자신을 드러내지 않는 섬김을 제대로 보여 주는 대목이다.

동정과 긍휼

"상한 갈대를 꺾지 아니하며 꺼져가는 등불을 끄지 아니하고" 사 42:3.

연약함과 실수로 빚어진 실패마저 사람들의 무자비한 공격을 받는 수가 있다. 그러나 하나님의 종 예수님은 무시당하고 멸시받는 사람들을 전문적으로 도와주신다. 아무리 상처받고 찢긴 영혼이라도 예수님은 너끈히 회복하고 치료해 줄 수 있는 분이다.

유대의 제사장이나 레위인처럼 이기적 야망에 가득 찬 요즘의 기독교 사역자들은 사회의 높은 계층만 상대하려 할 뿐 일반인들은 아랑곳하지 않는다. 그들은 복음의 가르침을 지켜서 일반 신자들에게 전해 주거나 교회를 떠난 사람들을 설득하려고 애쓰지 않는다. 자신의 재능과 권력에 상응하는 그런 고상한(?) 사역만 하고 싶어 한다.

반대로 예수님은 사회에서 멸시당하는 사람들을 섬기는 일에 큰 기쁨과 보람을 느끼셨다. 자애롭고 현명한 돌보심을 받은 후에 상한 갈대는 다시 한 번 천상의 음악을 연주했고 꺼져가던 등불은 더 밝게 타올랐다. 주님은 회개하고 뉘우치는 사람을 정죄하거나 매정하게 몰아붙이지 않으셨다. 이 세상에서 소외된 사람들을 돌보고 섬기는 것이야말로 참으로 가치 있는 일이다.

빌라도의 재판정에서 베드로의 불은 얼마나 희미하게 깜박였는가? 그러나 오순절에 베드로의 불은 밝은 빛을 내며 불타올랐다. 베드로와 개인적인 대화의 시간에 예수님이 얼마나 효과적으로 그를 부채질을 하셨던지 오순절 날 어마어마한 불길이 되어 타오른 것이다.

E. 스탠리 존스E. Stanley Jones 는 "예수님은 나약하고, 넘어지고, 죄짓는 사람들에게 인내를 갖고 희망을 버리지 않으셨다. 그렇다고 그들의 결점이나 죄를 눈감아 주거나 적당히 넘어가지 않으셨다. 다만 그들을 붙들어 패배가 아니라 승리를 거두도록 도와주셨다"고 말했다.

낙관적 태도

"그는 쇠하지 아니하며 낙담하지 아니하고 세상에 정의를 세우기에 이르리니"사 42:4.

비관주의자들은 절대로 훌륭한 지도자가 되지 못한다. 하나님의 종 예수님의 삶과 사역에서 비관적 태도를 찾으려 한다면 이는 헛된 수고일 뿐이다. 예수님은 현실주의자였으나 결코 비관주의자는 아니었다. 하나님 아버지의 뜻이 이루어지고 그분의 나라가 도래할 것이라는 확신은 추호의 흔들림이 없으셨다.

*4*절의 '쇠하지 아니하며'와 '낙담하지 아니하고'라는 말은 *3*절에 나오는 '꺾지 아니하고', '끄지 아니하고'와 동일한 말이다. 즉 하나님의 종 예수님은 상한 갈대나 꺼져가는 등불을 위해 일하시겠지만 그분 자신은 절대로 그런 상태가 되지 않는다는 의미다. 예수님이 지녔던 소망과 낙관적 태도는 그분의 목적이 성취되면서 그 진가를 발휘했다.

기름 부음

　　"내가 붙드는 나의 종…내가 나의 영을 그에게 주었은즉" 사 42:1.

　　앞서 언급한 다섯 가지 자질은 그 자체로 하나님의 일을 하기에는 충분하지 못하다. 제자라면 초자연적인 능력도 필요하다. 하나님의 이상적인 종이었던 예수님에게 성령의 기름 부음은 바로 그런 능력의 공급이었다. "하나님이 나사렛 예수에게 성령과 능력을 기름 붓듯 하셨으매 그가 두루 다니시며 선한 일을 행하시고 마귀에게 눌린 모든 사람을 고치셨으니 이는 하나님이 함께하셨음이라" 행 10:38.
　　예수님이 행한 모든 일은 성령의 능력을 힘입어 하신 일이었다. 예수님이 세례를 받으실 때 성령이 임하셨고 그 전까지 예수님은 나사렛에서 조용히 지내셨다. 하지만 성령을 받은 후에는 천하를 뒤흔드는 일이 벌어지기 시작했다.
　　예수님이 받은 성령과 동일한 성령이 지금도 우리에게 임하시고 기름을 부어 주신다. 우리는 주님이 하시지 않은 일, 즉 성령의 기름 부음 없이 용감무쌍(?)하게 사역에 임하는 일을 하지 말아야 한다.

하나님은 한량없이 성령을 부어 주신다요 3:34. 성령을 받는 여부와 정도는 오직 우리의 역량에 달려 있을 뿐이다빌 1:9. 요단강에서 성령을 받으신 예수님과 오순절 날 성령으로 충만했던 *120*명의 제자들에게 어떤 일이 일어났는가? 우리도 하나님이 원하시는 종이 된다면 그와 동일한 일이 일어날 것이다.

종의 사역

"오직 너희는 여호와의 제사장이라 일컬음을 받을 것이라 사람들이 너희를 우리 하나님의 봉사자라 할 것이며"사 61:6.

제사장은 하나님을 섬기는 사람들이었다. 반면에 레위인은 동족 이스라엘 사람들을 섬겼다. 제자는 하나님과 사람들 모두를 섬기는 특권이 있다. 그러므로 하나님에 대한 경배와 사람들에 대한 봉사를 균형 있게 해야 한다.

우리는 성전에서 영적 제사를 드려야 하지만 하나님의 집에서 필요한 다른 일들도 해야 할 의무가 있다.

하나님의 종 예수님은 복음의 빛을 열방에 비추고 죄에 갇혀 있는 인간을 해방시킬 책임이 있으셨다사 42:6-7. 하지만 무엇보다 최우선적인 책임은 하나님을 영화롭게 하는 것이었다. "너는 나의 종이요 내 영광을 네 속에 나타낼 이스라엘이라"사 49:3.

예수님의 생애를 되돌아보면 하나님의 이상적인 종이 되는 길은 결국 다음의 한마디로 요약될 수 있다. 이것은 또한 우리 모두의 길이기도 하다. "아버지께서 내게 하라고 주신 일을 내가 이루어 아버지를 이 세상에서 영화롭게 하였사오니"요 17:4.

묵상을 · 위한 · 질문

1. 이 장에는 예수님의 삶에서 볼 수 있는 여섯 가지 원칙들이 나온다. 첫 번째, 두 번째, 여섯 번째 원칙을 하나님과 당신 자신의 관계에 적용해서 이야기해 보라.

2. 세 번째, 네 번째, 다섯 번째 원칙은 예수님의 독특한 면을 어떻게 보여 주고 있는가?

3. 여섯 가지 원칙들 중에서 당신의 삶에 가장 뚜렷하게 드러나는 것은 무엇인가?

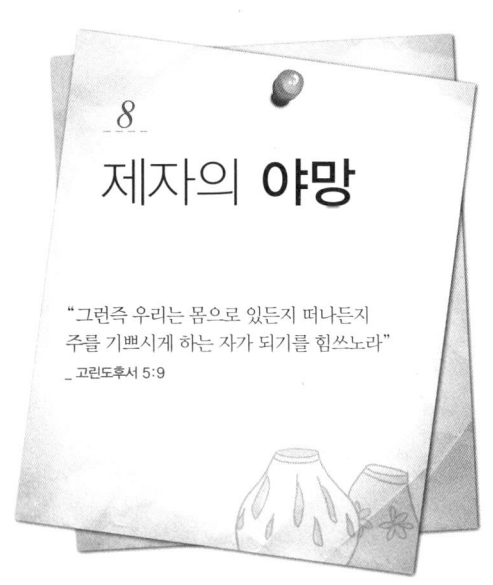

8
제자의 **야망**

"그런즉 우리는 몸으로 있든지 떠나든지
주를 기쁘시게 하는 자가 되기를 힘쓰노라"
_ 고린도후서 5:9

하나님을 위해 최고의 사람이 되는 것이 제자된 자들의 도리다. 하나님을 기쁘게 하는 것보다 더 고상하고 가치 있는 목표는 없다. 먼저 하나님이 우리를 창조하신 목적이 무엇인지를 알아야 한다. 하나님은 우리가 그저 그런 평범한 사람으로 안주하며 살아가기를 원치 않으신다. 많은 사람들이 하나님을 위해 의미 있는 일을 하지 못하는 이유는 불타는 야망이 부족해서다. 이 세상에 뜻있는 야망을 세우지 않고 무언가를 성취한 사람은 아무도 없다.

프레드 미첼 Fred Mitchell 은 중국내지선교회의 영국 지부장을 하기 전에 약제사로 일했다고 한다. 미첼은 학생 시절에 안과 수업을 들은 적이 있었는데 어느 날 함께 수업을 받던 친구가 미첼에게 "나는 나중에 영국 조지 왕의 안과 의사가 될 거야"라고 말했다고 한다. 친구의 황당한

포부에 미첼은 "오, 잘해 봐?"라며 빈정대는 투로 받아쳤으나 미첼은 그 후 이런 말을 했다. "자, 오늘날 왕의 안과 의사가 누군지 아시오? 바로 그 친구라오." 그 친구는 자신이 추구하는 야망을 향해 달려갔고 마침내 목표를 이루었다고 한다.

우리도 스스로에게 그런 명확한 야망이 있는지를 자문할 필요가 있다. 우리는 과연 최선을 다하며 살고 있는가? 우리 주님을 위해 최대의 영향력을 발휘하고 있는가?

야망의 동기

영어로 야망을 뜻하는 '앰비션'ambition은 원래 신약에 나오는 단어가 아니다. 라틴어에서 파생한 단어로써 "목적한 바를 손에 넣기 위해 양쪽을 바라보다"라는 다소 부정적인 의미가 담겨 있다. 현대사회의 예를 들자면 소신 없는 정치인이 유권자들에게 표를 호소할 때 사용하는 얍삽한 선거전술에 빗댈 수 있다.

세상적인 야망에는 여러 가지 동기들이 내포되어 있지만 다음의 세 가지가 가장 보편적이라고 생각한다. 첫 번째는 인기다. 인기를 얻어서 자신의 명성을 높이려고 한다. 두 번째는 권력이다. 다른 사람을 향해 권위를 행사하고 싶어 한다. 세 번째는 부富다. 재산을 모아서 부자가 되고 그와 함께 돈이 주는 권력을 누리고 싶어 한다. 이런 야망의 치명적인 결점은 바로 모든 초점이 자기 자신이라는 것이다.

그리스도인이 아닌 저술가들도 그러한 야망의 어두운 면을 간파하고 '숭고한 정신의 최대 약점'이라고 꼬집었다. 예리한 통찰력으로 인간의 속성을 꿰뚫었던 셰익스피어는 울지 추기경의 입을 통해 다음과 같은 대사를 남겼다. "크롬웰, 야망에서 벗어나길 강력히 촉구하오. 천사도 그 같은 죄를 짓고 타락했소. 하물며 창조주의 형상을 닮은 인간이 그 죄에서 유익을 얻기 바라는 거요?"

그러나 모든 야망이 그런 비난을 받아야 하는 것은 아니다. 사도 바울은 더 고상한 단어를 사용해서 '명예로 여긴다'라고 표현했다. 고린도후서 5장 9절의 말씀은 "주를 기쁘시게 하는 자가 되는 것을 명예로 여기기를 바라노라"라고 번역할 수 있다. 한 걸음 더 나아가 바울은 이렇게 주장했다. "사람이 감독의 직분을 얻으려 함은 선한 일을 사모하는 것이라"딤전 3:1. 물론 이 경우에는 마음의 동기가 결정적인 요소가 될 것이다. 안타깝게도 너무 많은 예수님의 제자들이 자신의 영성이나 사역에 야망을 품지 않고 제자리에 안주하는 데 만족하고 있다.

예레미야는 바룩에게 다음과 같은 하나님의 말씀을 전했다. "네가 너를 위하여 큰 일을 찾느냐 그것을 찾지 말라"렘 45:5. 이 말씀은 야망을 품지 말라는 뜻이 아니다. 여기에서 중요한 단어는 "너를 위하여"이다. 바룩에게 이기적 야망을 버리라고 말씀하시는 것이다.

예수님은 위대한 사람이 되고 싶은 야망 자체를 죄악이라고 지적하지 않으셨다막 10:43. 다만 불순한 동기로 위대한 사람이 되려는 것을 비난하셨다. 하나님을 더 영화롭게 하겠다는 야망에 불타는 사람들이 하나님에게는 필요하다.

야망의 시험

야고보와 요한은 모두가 야망에 불타는 사람들이었다. 그러나 그들의 야망은 이기적이고 자기중심적이었기에 그릇된 야망이었다. 두 사람은 그 같은 속셈으로 주님께 "주의 영광 중에서 우리를 하나는 주의 우편에, 하나는 좌편에 앉게 하여 주옵소서"라고 말했다막 10:37. 사실상 이 말은 다가올 왕국에서 자신을 최고의 자리를 앉혀 달라는 요구였다! 이기심의 극치를 보여 주는 요구에 돌아오는 것은 응당 주님의 꾸짖음이었다. "너희 중에는 그렇지 않을지니"43절. 하나님 나라는 이기심이 아닌 희생정신에 기초해서 세워지는 나라다. 야고보와 요한은 영광의 면류관을 요구했다. 그러나 예수님은 가시 면류관을 선택하셨다. 야고보와 요한은 사람들을 지배하고 싶어 했지만 예수님은 사람들을 섬겨야 위대해진다고 말씀하셨다. 이것은 예수님이 제자들에게 주신 가장 중요한 교훈 중 하나였다.

모라비안 선교의 기틀을 놓은 진젠도르프 백작은 "나에게는 한가지 야망이 있다. 그것은 예수님, 예수님뿐이다!"라는 명언을 남겼다. 그가 이끌었던 선교운동의 중심에는 바로 그와 같은 예수님 중심의 야망이 있었다. 선교사가 별로 없던 그 당시 진젠도르프 백작은 세계선교 운동의 선구자로 우뚝 섰고 그의 교회에서는 약 백 년에 걸쳐 밤낮으로 성도들의 중보기도가 이어졌다. 진젠도르프 백작은 그리스도가 중심이었고 세계를 복음화에 큰 뜻을 두고 있었기에 그의 야망은 참으로 가치 있는 야망이었다.

자신이 갖고 있는 야망의 가치를 측정해 보고 싶다면 다음의 잣대로 재어 보라. '내 야망이 성취되면 하나님께 영광을 돌리게 되고 세계 선교에 보탬이 될 것인가?'

야망의 중심

데이빗 브레이너드David Brainerd는 미국 초기에 인디언들에게 복음을 전했던 전도자였다. 그는 주님을 위해 믿지 않는 영혼들을 구원시키고자 하는 열망이 어찌나 강했던지 다음과 같이 부르짖었다고 한다. "나는 어디에서 어떻게 살든지 상관없다. 예수님을 위해 영혼을 구할 수만 있다면 어떤 고난도 마다하지 않겠다."

사도 바울도 야망에 불타는 열정적인 사람이었다. 주님을 만나기 전에도 그랬다. 결코 대충하는 법이 없었고 언제나 열심히 최선을 다했다. 제자리에 맴도는 것을 극도로 싫어했으며 끊임없이 새로운 목표와 도전을 향해 나아갔다. 그에게는 누르기 힘든 야망이 도사리고 있었다.

바울의 회심은 야망의 불꽃을 잠재운 게 아니라 도리어 더 활활 불타오르게 만들었다. 이전에 바울이 품었던 야망은 예수님의 이름을 도말하고 교회를 제거하는 것이었지만, 회심 뒤에 그의 야망은 예수님의 이름을 높이고 교회를 세우는 것이 되었다. 예수님께 영광을 돌리고 하나님 나라를 확장하겠다는 야망으로 바뀐 것이다.

후에 바울은 다음과 같이 고백했다.

"내가 그리스도의 이름을 부르는 곳에는 복음을 전하지 않기를 힘썼노니 이는 남의 터 위에 건축하지 아니하려 함이라 기록된 바 주의 소식을 받지 못한 자들이 볼 것이요 듣지 못한 자들이 깨달으리라 함과 같으니라"롬 15:20-21.

어느 학자는 말하길 사도 바울은 어쩌면 영적 폐쇄공포증에 빠졌는지도 모른다고 했다. 회심 직후 그에게 주어진 사명은 "떠나가라 내가 너를 멀리 이방인에게로 보내리라"였다행 22:21. 바울은 열심을 다해 그 사명에 충실했다. 그의 머릿속에는 늘 '저 너머 지역'이 떠나지 않았다. 주님의 제자라면 모두가 그래야 한다.

저명한 학자이며 위대한 선교사였던 헨리 마틴Henry Martyn은 그의 야망을 다음과 같이 이야기했다. "나는 탐욕에 불타거나, 헛된 야망에 불타거나, 나 자신을 위해 불타기를 바라지 않는다. 다만 희생제물이 되신 위대한 예수님을 위해, 그리고 이 세상을 위해 불타기를 바란다."

사도 바울의 야망은 두 가지 동기로 인해 불타올랐다. 첫 번째는 예수님을 향한 사랑이었다. 그 사랑이 바울을 '강권'하였기에 그에게는 다른 선택의 여지가 없었다고후 5:14. 기독교에 대한 반발심을 잠재우고 바울의 마음을 사로잡은 것도 바로 예수님을 향한 사랑이었다. 두 번째로는 피할 수 없는 의무감이었다. "헬라인이나 야만인이나 지혜 있는 자나 어리석은 자에게 다 내가 빚진 자라"롬 1:14. 이 세상 모든 사람이 주님의 구원의 대상이므로 바울은 모든 사람들에게 똑같이 빚을 진 심정이었다. 사람들이 가진 사회적 지위나 재산이나 학력은 그에게 아무런 문제가 되지 않았다. 그의 야망은 오로지 한가지였고 그 한가지에 자신의 일생을 걸었다.

영적 성숙을 위해 어떠한 대가도 지불하려는 각오가 있었기에 극심한 고난도 이기고 성공에 이르게 한 것인지 모른다. F. W. H. 메이어즈F. W. H. Myers는 '성 바울'St. Paul이라는 시에서 그의 열정을 다음과 같이 묘사했다.

갈망의 손을 들고 무릎을 꿇었네.
대답 없는 허공 향해 밤새 손을 들었네.
솟구치는 욕구에 멍한 탄식뿐.
고뇌에 찬 기도로 가슴이 먹먹해지네.

전 세계적으로 널리 알려진 네비게이토 운동의 창시자 도슨 트로트만의 장례식에서 빌리 그레이엄 목사가 설교를 하게 되었다. 그는 설교 중에 다음과 같은 말로 트로트만의 생애를 회고했다. "트로트만 회장은 결코 '수십 가지 일을 벌여 놓았다'고 말하지 않았습니다. 다만 '이 한 가지 일이 내가 할 일이다'라고 말했습니다." 그런 강한 야망이 있어야 모든 장애와 좌절을 극복할 수 있다.

우리 주님은 전 생애를 불사르는 한 가지 야망에 사로잡히신 분이었다. 그 야망은 다음의 한 문장으로 요약할 수 있다. "하나님의 뜻을 행하러 왔나이다"히 10:7. 생의 마지막 순간에서 예수님은 대제사장다운 기도를 올리시면서 그 야망이 온전하게 성취되었다는 보고를 하셨다.

"아버지께서 내게 하라고 주신 일을 내가 이루어 아버지를 이 세상에서 영화롭게 하였사오니" 요 17:4.

야망의 결실

예수님처럼 제자들도 살다보면 이런 저런 위기를 맞을 때가 온다. 이 땅에 사시는 동안 예수님은 자신의 결심을 약화시키고 목표를 어긋나게 만들려는 난관에 수없이 부딪치셨다. 원수들의 방해, 동족의 변심, 심지어 가장 친한 사람들마저 예수님의 뜻을 가로막았다.

요셉은 오랜 세월 낙담에 낙담을 거듭하면서도 하나님께 충성을 다했고 진실함을 잃지 않았다. 어느 날, 주어진 일을 성실히 하고 있는 요셉에게 상전 보디발의 아내가 유혹을 하며 다가왔다. 순전하게 살고자 했던 결심이 전혀 예기치 못한 유혹 앞에서 그나마 도움이 되기는 했지만 그는 계속해서 시달림을 받아야 했다. "여인이 날마다 요셉에게 청하였으나 요셉이 듣지 아니하여 동침하지 아니할 뿐더러 함께 있지도 아니하니라" 창 39:10. 요셉의 결심은 날마다 시험대 위에 올랐다. 마귀는 그처럼 끈질기게 우리를 유혹한다.

하나님과 교회를 위해 위대한 일을 했던 사람들을 연구해 보면 그들에게 한 가지 공통점이 있음을 발견하게 된다. 즉, 그들은 불타는 야망을 품었다는 것이다.

교육가이며 부흥사였던 조나단 에드워즈 Jonathan Edwards 는 "나는 전심전력을 다해 살겠다"라고 말했다.

구세군의 창시자 윌리엄 부스William Booth는 "내가 아는 한 하나님은 내 모든 것을 가지셨다"고 했다.

하나님은 우리에게 필요한 모든 것을 주셨기에 자신의 연약함이나 부족함만 탓하면서 빈약한 결과를 변명만 하고 있을 수는 없다. 가장 약하고 보잘것없어 보이는 사람도 하나님은 크게 사용하실 수 있다.

토마스 스코트Tomas Scott(1747-1821)는 학교에서 저능아로 낙인찍힌 학생이었다. 교사들은 스코트에게 아예 기대를 걸지 않았기에 성적이 떨어져도 야단조차 치지 않았다. 그러나 스코트의 머리와 마음은 깊은 잠에 빠져 있었을 뿐이었다. 어느 날, 한 교사가 던진 말 한마디가 그를 깊은 잠에서 깨어나게 만들었다.

그때부터 스코트는 굳은 결심을 하고 큰 야망을 품었다. 비록 학교 성적은 빠르게 좋아지지 않았지만 교사들은 그의 달라진 모습을 알아챘다. 결국 그는 훌륭한 인물로 성장하여 존 뉴턴Johnn Newton의 뒤를 이어 아스톤 스탠포드에서 교구 목사가 되었다. 존 뉴턴은 노예상이었지만 회심해서 「나 같은 죄인 살리신」이라는 찬송가를 작사하여 유명해진 사람이다. 토마스 스코트는 신구약 성경전체를 망라하는 방대한 양의 주석을 쓰기도 했는데 이는 당대 기독교에 큰 반향을 일으키는 역작으로 손꼽히고 있다. 한 때 저능아로 낙인찍혔던 사람이 쓴 주석은 오늘날까지도 미국의 교계에서 유용하게 사용되고 있다.

스코트와 함께 공부했던 학생들의 이름은 모두 잊혀졌다. 그러나 가장 기대를 받지 못했던 그만이 힘겨운 장애를 딛고서 역사에 길이 남는 인물이 되었다. 그것은 스코트가 원대한 야망을 품었기에 가능했던 일이었다.

존 R. W. 스토트John R. W. Stott는 《크루세이드》Crusade라는 잡지에 야망의 중요성에 대해 다음과 같은 글을 기고했다.

이 시대의 구호는 '안전 제일'이다. 젊은이들은 안전한 직업을 구해서 보금자리를 만들고, 미래를 보장받고, 생활을 안정시키고, 위험요소를 줄이고, 은퇴 후에 충분한 연금을 받기를 희망한다.

미래를 준비하는 건 전혀 잘못된 일이 아니다. 하지만 무사안일 정신이 너무 강해서 매사에 편한 것만 찾고, 수동적이고, 모험이 사라지는 게 문제다. 우리는 너무도 두꺼운 목화솜에 둘둘 쌓여서 세상의 고통을 전혀 느끼지 못하고 하나님의 말씀도 듣지 못한다.

예수님은 천국의 면역주사를 맞고 세상사에 무심하거나 하늘의 피난처로 도피하지 않으셨다. 위험을 감수하고 모욕도 각오해야 하는 곳으로 과감히 들어오셨다…그런데 우리가 어떻게 안전 제일을 야망으로 품을 수 있겠는가?

'예수님을 기쁘게 하자'는 사도 바울의 야망을 품는다면 주님은 물론이고 다른 사람들도 기쁘게 만드는 자신을 발견할 수 있을 것이다.

묵상을 · 위한 · 질문

1. 당신이 신앙에 대해 품은 야망을 요약해 보라.

2. 당신이 품은 야망은 이 책의 저자가 '가치 있는 야망'이라고 부른 야망과 동일한가, 아니면 차이가 있는가?

3. 102쪽에 인용된 헨리 마틴의 말을 토대로 당신의 야망을 평가한다면 어떻게 평가하겠는가?

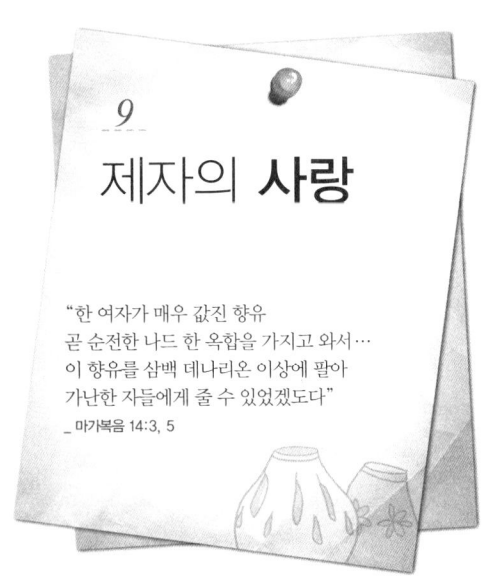

9 제자의 사랑

"한 여자가 매우 값진 향유
곧 순전한 나드 한 옥합을 가지고 와서…
이 향유를 삼백 데나리온 이상에 팔아
가난한 자들에게 줄 수 있었겠도다"
_ 마가복음 14:3, 5

마가복음 *14*장 *1*절에서 *9*절에 등장하는 이야기는 한 여자가 향유옥합을 깨뜨려 매우 값비싼 향유를 예수님의 머리에 부었다는 이야기다. 예수님에 대한 진실한 사랑을 엿볼 수 있는 대목이다. 십자가의 어둠이 코앞까지 다가온 상황에서 그런 사랑의 행동이 예수님께 큰 기쁨과 위안을 주었을 것이라는 점은 의심할 여지가 없다.

"대제사장들과 서기관들이 예수를 흉계로 잡아 죽일 방도를 구하며"1절 예수님을 잡아 죽일 흉계를 꾸미는 시점에서 이처럼 아름다운 일이 일어났다. 한 여인의 헌신적인 사랑이 펼쳐지는 아름다운 이야기에는 이처럼 종교 지도자들의 증오심이 어두운 배경으로 자리 잡고 있었다.

결국 이 이야기는 또 다시 어두운 장면으로 막을 내린다. "열둘 중의 하나인 가룟 유다가 예수를 넘겨주려고 대제사장들에게 가매 그들이 듣고 기뻐하여 돈을 주기로 약속하니 유다가 예수를 어떻게 넘겨줄까 하고 그 기회를 찾더라"막 14:10-11.

그 두 개의 어두운 장면 속에 예수님이 가장 크게 감동을 받으셨던 아름다운 사건이 끼여 있다.

향유를 부은 무명의 여인이 누구냐에 대해서는 여러 가지 의견이 분분하다. 그 중에는 베다니의 마리아일 것이라는 주장과 그를 뒷받침하는 단서들이 있는데 나 역시 그 주장을 따르려고 한다.

복음서에 보면 여인들이 예수님에게 여러 가지 도움을 주는 이야기들이 등장한다. 향유옥합 이야기도 그 중의 하나다. 중동에서는 자신의 집을 찾아온 손님의 머리에 몇 방울의 기름을 떨어뜨리는 관습이 있었다. 그런 기름은 대개 몇 푼 되지 않는 저렴한 기름이었다.

성경에 보면 베다니 나병환자 시몬의 집에서 예수님을 위한 큰 잔치가 벌어지고 있었다고 한다. 시몬이라는 사람은 혹시 마르다, 마리아, 나사로 형제의 아버지가 아니었을까? 그가 나병에 걸려 따로 살았던 것은 아닐까? 성경에는 정확한 기록이 나와 있지 않다.

예수님이 식탁 앞에 기대앉아 있는데 마리아가 "매우 값진 향유 곧 순전한 나드 한 옥합을 가지고 와서 그 옥합을 깨뜨려 예수의 머리에 부으니"3절 주변 사람들은 깜짝 놀라 어안이 벙벙해졌다. 그 향유는 이 세상에서 가장 비싼 향유였다. 이역만리 히말라야 산 재료들을 섞어 만든 그 향유는 왕족이나 부유층만이 사용하던 기름이었다. 마가는 그 향유의 가치가 당시 노동자의 1년 연봉에 해당한다고 밝혔다.

자, 잠시 읽기를 중단하고 현재 사람들이 받는 1년 치 평균 봉급을 대략 머릿속에서 계산해 보라. 그러면 마리아가 사랑의 증표로 쏟아부은 기름의 가치를 어림짐작할 수 있을 것이다. 마리아는 별로 대단해 보이지도 않은 일에 1년 치 봉급을 한꺼번에 사용한 것이다. 게다가 한두 방울만 예수님의 머리에 떨어뜨린 것이 아니라 아름다운 옥합의 입구를 완전히 깨뜨려서 그 안에 들어 있던 기름을 전부 예수님의 머리에 부었다.

제자들의 비난

"어찌하여 이 향유를 허비하는가" 막 14:4.

그것은 정말 무모한 낭비로 보였다. 몇 방울만 떨어뜨려도 충분할 것을 마리아는 왜 몽땅 들이부어서 무모한 낭비를 했던 걸까?

인색하고 셈에 밝은 사람이라면 분명 얼마 정도면 충분할지 계산기를 두드릴 것이다. 그들에게는 이익이냐 손해냐가 가장 큰 관심사기 때문이다. 그러나 마리아에게는 그 순간이 예수님께 자신의 사랑을 표현할 수 있는 인생 최대의 기회였다.

사람들이 말한 것처럼 마리아가 단 몇 방울의 기름만 예수님의 머리에 떨어뜨렸다면 아마 이 이야기는 수 세기에 걸쳐 사람들의 입에 오르내리지 않았을 것이다. 예수님을 그처럼 진한 감동으로 몰아넣고 싶어서 비슷한 유형의 사랑 표현을 시도하는 사람들도 나타나지 않았을 것이다. 우리는 예수님께 드리는 선물을 계산하고 있는가? 하나님 나라를 위해 자신이 들인 시간과 돈과 힘의 손익계산서를 만들고 있지는 않은가? 예수님은 사랑이 없는 것에 가슴 아파하시고, 기독교 사역은 사랑이 없을 때 시들어진다.

아라우나가 다윗 왕에게 타작마당을 값없이 드리겠다고 했을 때 다윗이 그 제의를 일언지하에 거절했다는 이야기는 또 다른 훌륭한 본보기다. "값 없이는 내 하나님 여호와께 번제를 드리지 아니하리라"삼하 24:24.

"어찌하여 이 향유를 허비하는가?"

한마디로 그것은 어이없는 낭비였다. 시장에 가서 큰돈을 받고 팔아서 그 돈으로 뭔가 유용한 일을 할 수 있지 않았겠는가? 왜 좀 더 현실적인 생각을 하지 못했을까? "하나님을 가장 잘 섬기는 길은 그분의 창조물을 섬기는 것이다." 그 돈으로 얼마나 많은 빈민들을 도와줄 수 있었겠는가! 물론 다 맞는 말이다. 많은 사람을 먹이고 입히고 재울 수 있었을 것이다. 그럼에도 불구하고 나는 마리아가 그 향유를 팔지 않았던 것에 대해 하나님께 감사한다.

공생애 기간 동안 예수님은 가난하고 소외된 사람들이 처한 어려움을 결코 수수방관하지 않으셨다. 그들에게 육신적으로 필요한 것뿐 아니라 영적으로 필요한 것들도 언제나 도와주시고 공급해 주셨다. 사람들이 값비싼 향유를 낭비했다며 마리아를 혹독하게 비난하고 꾸짖었을 때 마리아는 무척이나 상심했을 것이다.

그 상황에서 마리아는 다음과 같은 대응을 할 수 있었을 것이다. (1) 향유를 판다. 그래서 그 돈으로 뭔가 다른 유용한(?) 일을 한다. (2) 향유를 잘 보관해서 노후에 사용한다. (3) 향유를 자신에게 부어서 아름다움을 돋보이게 한다. (4) 향유를 그냥 보관만하다 써 보지도 못하고 죽는다.

주님과 우리의 관계에서도 그와 비슷한 선택이 주어져 있다고 생각하지 않는가?

케임브리지대학의 뛰어난 석학이었던 헨리 마틴이 전도유망한 자리를 박차고 7년간 선교사로 봉사했을 때 사람들은 '어이없는 낭비'라고 수군거렸다. 헨리 마틴은 스무 살의 나이에 전 세계 가장 뛰어난 수학자에게 수여되는 상을 수상한 사람이었다. 그러나 그 7년의 세월 동안 헨리 마틴은 중동에서 사용하는 세 가지 주요 언어로 신약성경을 번역하는 업적을 남겼다.

백만장자 보든 가의 상속자였던 윌리엄 보든 William Borden 이 사업체 운영을 포기하고 회교도들을 위한 선교사가 되겠다고 결심했지만 미처 선교지에 나가기도 전에 요절했을 때 사람들은 '어이없는 낭비'라고 이야기했다. 하지만 결국은 그것이 이유 있는 '낭비'였음이 이후에 증명되었다. 그의 전기를 담은 *Borden of Yale* 예일의 보든 은 선교지로 나가는 수많은 사람들에게 큰 영향을 미쳤다.

어쩌면 하나님은 우리가 말하는 실용주의자는 아닐지 모른다. 그분이 창조하신 것들을 보면 지나치다 싶을 정도로 넉넉하고 풍요롭지 않은가! 거기에는 냉철한 계산으로 손익을 따질 수 없는 숭고한 마음과 정신의 세계가 있다.

당신은 주님을 향한 순수한 사랑에서 비롯된 섬김이 어이없는 낭비로만 보이는가? 내가 얼마나 바치고 주었는지를 꼼꼼히 확인하고 계산하는가? "적게 심는 자는 적게 거두고 많이 심는 자는 많이 거둔다" 고후 9:6.

마리아의 사랑

옥합에 든 향유는 마리아의 소중한 재산이었다. 어쩌면 집안의 가보였는지도 모른다. 마리아가 그것을 예수님께 사용해야 할 의무는 전혀 없었다. 얼마든지 자기 자신을 위해 사용할 수도 있는 물건이었다. 하지만 마리아는 그렇게 하지 않았다.

우리는 하나님이 주신 선물을 자신만을 위해 사용하는가, 아니면 그것을 예수님의 발에 부어드리는가? 마리아의 사랑은 누가 시켜서 했던 사랑이 아니라 자진해서 아무런 계산 없이 했던 순수한 사랑이었다. 자신이 가장 사랑하는 분께 가장 귀한 것을 드리는 것이 마리아의 최대 기쁨이었다.

오엠에프OMF 선교회 소속의 어느 여선교사가 있었는데 어느 날 어머니가 암으로 몸져눕게 되었다고 한다. 당시 그 여선교사는 선교지로 나가기 위해 막 출국을 하려던 참이었다. 아마도 그 어머니는 딸이 곁에서 병간호를 해 주기 원했겠지만 '옥합 속의 향유' 같은 딸이 자기 때문에 지체하는 것을 말렸다고 한다. 먼 나라에서 복음 없이 죽어가는 영혼들이 자기보다 훨씬 더 딸을 필요로 하고 있다고 생각했기 때문이었다. 그 어머니에게는 예수님보다 귀한 분이 없었던 것이다.

예수님의 감동

예수님은 제자들이 마리아를 꾸짖었던 것만큼 준엄하게 제자들을 꾸짖으셨다. "예수께서 이르시되 가만 두라 너희가 어찌하여 그를 괴롭게 하느냐 그가 내게 좋은 일을 하였느니라 가난한 자들은 항상 너희와 함께 있으니 아무 때라도 원하는 대로 도울 수 있거니와 나는 너희와 항상 함께 있지 아니하리라"막 14:6-7.

물론 우리는 가난한 사람들을 도와주어야 한다. 하지만 당시 예수님은 하나님의 아들로서 본향인 천국을 떠나 이 세상에 내려와 계셨고 이 세상에서 누군가의 진실한 사랑에 목말라 계셨다. 즉, 그분 자신만을 위한 순수하고 희생적인 사랑에 목말랐던 것이다. 마리아는 바로 그 사랑을 예수님께 드렸다. 그렇지 않았다면 비싼 향유를 드릴 이유가 없었다. 지금도 주님은 마리아와 같은 사람을 보시면 여전히 기뻐하고 감동하신다.

예수님은 마리아의 행동에 대해 "내게 좋은 일을 하였느니라"고 말씀하셨다. 마리아는 여성이었기에 예수님께 사랑을 표현하는 데 여러 가지 제약을 받았다. 그래서 그녀는 자신이 할 수 있는 것을 했다. 향유를 예수님의 머리에 부음으로써 주님이 이 세상에 살아계시는 동안 사랑과 감사를 표현한 것이다.

9절에서 예수님이 하셨던 예언은 지금까지 정확하게 이루어지고 있다. "온 천하에 어디서든지 복음이 전파되는 곳에는 이 여자가 행한 일도 말하여 그를 기억하리라." 이 말씀 속에는 자신의 제자들이 복음을 온 천하에 다니며 전할 것이라는 예수님의 확신이 숨어 있다. 우리는 그 확신의 수혜자다. 깨어진 옥합에서 흘러나온 향기는 이천 년이 지난 오늘날까지 우리에게 전해지고 있다.

마리아의 행동은 당시 사람들에게 칭찬을 받지 못했지만 그녀가 사랑했던 예수님에게는 무관심과 증오의 사막 가운데서 만난 신선한 오아시스나 다름없었다.

당신은 오로지 예수님을 향한 순수한 사랑에서 그분께 뭔가를 바치거나, 어떤 행동을 하거나, 향유를 쏟아 부은 적이 있는가? 주님은 우리가 행한 그 어떤 사역보다 그것을 더욱 소중하게 여기실 것이다. 사실 사역을 향기롭게 만드는 것은 바로 그런 순수한 사랑이다.

묵상을 · 위한 · 질문

1. 당신은 예수님을 위해 '어이없는 낭비'를 한 적이 있는가? 어떤 일이었는가?

2. 당신이 어떤 일을 했을 때, 비록 다른 사람들은 알아주지 않았지만 주님은 무척 기뻐하신다는 것을 느낀 적이 있는가?

3. 예수님에 대한 사랑 때문에 사람들에게 바보같이 보이는, 혹은 조롱거리가 되는 일을 해 본 적이 있는가?

10
제자의 영적 성숙

"그러므로 우리가…
완전한 데로 나아갈지니라"
_ 히브리서 6:1-2

우리에게 계시된 하나님의 목적은 간단하다. 성품에 있어서나 사역에 있어서나 예수님을 완벽하게 닮은 제자들을 배출하는 것이다. 물론 매력적인 목표임에는 분명하지만 예수님의 생애는 우리가 닮기에 너무나 차원이 높아서 쉽게 낙심하게 되고 자신의 더딘 성숙에 실망하게 되기 일쑤다.

예수님이 보여 주신 성숙은 신앙적인 면만이 아니라 실생활에서의 성숙한 삶도 포함된다. 다시 말해 '하나님께만 맡겨라'는 유명한 구호도 좋지만 우리가 해야 할 일에 대한 책임을 져야 한다는 것이다. 그렇다고 인간적 노력만이 전부라고 말하는 것은 아니다.

히브리서 주석을 쓴 웨스트코트 주교는 "우리가…완전한 데로 나아갈지니라"는 말씀은 다음의 세 가지 해석이 가능하다고 했다. 결국은 세 가지 모두 위험에 대한 경고인 셈이다.

너무 빨리 포기하기 쉽다. 자신은 이미 성숙했다고 생각하는 경우가 있다. 하지만 히브리서 기자는 그런 자아도취를 사도 바울처럼 조심해야 한다고 말했다. "내가 이미 얻었다 함도 아니요 온전히 이루었다 함도 아니라"빌 3:12. 다시 말해 '계속 노력하자'는 뜻이다. 우리가 점령해야 할 고지는 아직도 높다.

낙담하기 쉽다. 복음서에 나오는 마가처럼 자포자기하기가 쉽다는 이야기다. 그러면 안 된다. 우리는 계속 앞으로 나아가야 한다.

혼자의 힘으로 해내야 한다는 부담감을 느끼기 쉽다. 영적 성숙을 추구하는 과정에서 우리를 도와주시는 분은 성삼위 하나님이시다. 자력으로 모든 걸 해결해야 하는 게 아니라 성령께서 우리를 도와주셔서 하나님의 뜻을 행할 수 있도록 해 주신다고 약속하셨다.

히브리서 말씀은 바로 이 세 가지 의미를 모두 담고 있다. 영적 성숙은 결코 하루아침에 이루어지는 것이 아니다. 육체적 성장이 하루아침에 이루어지지 않는 것과 같은 이치다. 평생을 통해 이루어지는 역동적 과정임을 잊지 말자.

성숙을 위한 도움

헌신된 제자라면 누구나 영적 성숙을 향해 열심히 달려갈 각오를 해야 한다. 앞서도 말했듯이 영적 성숙은 단숨에 이루어지지 않는다. 대학생이 교과목을 하나 하나 이수해서 학점을 따듯이 제자가 하나님의 학교를 졸업하기 위해서는 성실하게 자신을 연단하는 과정을 거치지 않으면 안 된다.

그 중에서 어떤 일들은 반드시 우리 스스로가 해야 한다. 하나님이 대신해서 해 주지 않으신다. '하나님께만 맡겨라'는 구호는 분명 맞는 말이지만 그것만을 강조하면 진리의 반 토막밖에 되지 않는다. 반 토막짜리 진리는 자칫 우리를 건전하지 못한 수동적 태도로 이끌 수 있다. 스스로를 연단하고 인내하는 노력이 필수적으로 따라야 한다.

음악이나 운동이나 학문분야에서 뛰어난 업적을 이룬 사람들은 단지 좋은 선생의 지도를 받아서만 그렇게 된 것이 아니라 그들 스스로 강한 동기의식을 갖고 피나는 연습과 각고의 노력이 뒷받침 되었기에 그런 업적을 이루어낸 것이다.

그리스도인들은 무엇보다 먼저 예수 그리스도의 뜻에 순복하겠다는 마음가짐을 가져야 한다. 이러한 각오가 선행되지 않으면 영적 성숙은 이루어지지 않는다. 예수님의 뜻에 순복한다는 증거는 다음과 같은 질문을 스스로에게 해 보면 알 수 있다. "누구에게 결정권이 있는가?"

제자가 영적 성숙을 추구할 때 어떤 일이 일어날까? "우리가 다 수건을 벗은 얼굴로 거울을 보는 것같이 주의 영광을 보매 그와 같은 형상으로 변화하여 영광에서 영광에 이르니 곧 주의 영으로 말미암음이니라" 고후 3:18.

'주의 영광을 보매'라는 객관적 수단이 그것을 실천하는 제자를 변화시키는 주관적 결과를 낳는 것이다. 인간은 자신이 존경하고 우러러

보는 사람을 닮기 마련이다. 로버트 머리 맥체인Robert Murray McCheyne 은 이렇게 말했다. "주님을 쳐다봄으로 구원을 얻고 주님을 뚫어지게 쳐다봄으로 거룩해진다." 이 말은 곧 성령께서 우리를 변화시키려면 시간이 걸린다는 뜻이다.

성경에 계시된 예수님을 뚫어지게 쳐다보며 더욱더 그분을 닮아가려고 노력하는 동안 성령은 우리가 변화하는 과정을 도와주신다. 우리 마음의 소원을 더욱 강화시키거나 우리의 믿음에 대한 응답으로 주님의 성품과 은혜를 계시하고 전해 주심으로써 우리를 도와주시는 것이다.

외적인 훈련과 연단

살다보면 영적 성숙을 더욱 가속화시키는 경험을 하게 될 때가 있다. 다니엘서에 등장하는 히브리 청년들은단 3:16-29 신앙 때문에 겪는 고초로 마음이 혼란스러웠겠지만 뜨거운 풀무불에 던져지는 사건을 통해 급속히 성숙해졌다. 우리도 시험을 받는 중에 그렇게 될 수 있다. 하나님의 연단이 복이 될지 허사가 될지, 약이 될지 독이 될지는 우리의 마음가짐과 태도에 달려 있다.

사무엘 루더포드는 이렇게 말했다. "나는 주님의 불과 망치와 용광로에 빚진 자로다!" 하나님은 우리의 상황과 처지를 세심히 돌보시고 관여하시는 분이다. 그분은 절대로 실수하는 법이 없으시다.

영적 성숙의 여부는 환경이나 처지가 바뀔 때 보여 주는 그 사람의 태도에서 가장 극렬하게 드러난다. 영적으로 성숙하지 못한 사람은 보통 분노, 짜증, 실망, 원망의 태도를 보여 준다. 그러나 하나님은 어느 상황에서도 우리가 영적으로 성숙하기를 원하신다. "그들은 잠시 자기의 뜻대로 우리를 징계하였거니와 오직 하나님은 우리의 유익을 위하여 그의 거룩하심에 참여하게 하시느니라"히 12:10. 누군가 이런 말을 했다. "아프고 힘든 만큼 성숙해진다. 아무런 고통도 없다면 당신은 절대로 어린아이를 벗어나지 못할 것이다."

사도 바울 또한 힘겨운 고난을 겪으며 그 진리를 몸소 보여 주었다. 그가 어떤 고난을 당했는지 고린도후서 *11장 23-28절*을 보며 확인하기 바란다.

"내가 궁핍하므로 말하는 것이 아니니라 어떠한 형편에든지 나는 자족하기를 **배웠노니** 나는 비천에 처할 줄도 알고 풍부에 처할 줄도 알아 모든 일 곧 배부름과 배고픔과 풍부와 궁핍에도 처할 줄 아는 일체의 **비결을 배웠노라**"빌 4:11-12.

바로 이것이 영적 성숙이다. 그러나 사도 바울이 한순간에 그토록 성숙해지지 않았다는 것은 두말할 나위가 없다. 힘겨운 배움의 과정을 거치면서, 그리고 성령의 도움에 의존하면서 바울은 조금씩 조금씩 값진 교훈을 터득해 나갔다. 오늘날 우리에게도 동일한 성령과 동일한 은혜가 역사하고 있다.

어느 나이든 분들을 위한 기독교 모임에서 강사가 이런 말을 했다고 한다. "여러분의 동맥이 문제가 있는 게 아니라 태도에 문제가 있는 겁니다." 분명 일리가 있는 말이다. 윌리엄 바클레이 William Barclay 는 남편과 사별한 부인이 친구의 위로를 받으며 나눈 대화 내용을 소개했다. 친구는 위로의 말로 "슬픔이 인생을 아름답게 물들여 주잖아, 안 그래?"라고 말했다. 그러자 부인은 "맞아, 그렇지. 하지만 나는 아름답게 물든 인생만 선택하고 싶어." 그 부인은 남편을 잃은 슬픔에서 헤어나는 중이었고 그녀가 선택한 색깔은 검은색도 보라색도 아니었다.

초대교회 시대에 살던 사람들은 인생의 어려움이나 고난에 대해 대체로 네 가지 태도를 갖고 있었다.

숙명론자들은 어떤 일이건 인간의 힘으로 피할 수도 없고 바꿀 수도 없으니 맞서 대항해 보았자 아무 소용이 없다고 생각했다. 그저 무시하고 사는 게 상책이었다. 회교의 숙명론자들은 '알라신의 뜻이다'라며 모든 일을 숙명으로 받아들였다.

금욕주의자들은 어차피 인간의 힘으로 어쩔 수 없는 일이니 마음을 강하게 먹고 상황에 연연하지 않으면서 최악의 상황도 개의치 말라고 말했다.

쾌락주의자들의 태도는 "그저 먹고 마시고 즐거워하자. 내일이면 죽을 테니까"라는 식이었다. 즉 육신의 감각적 쾌락을 탐닉하면서 고통을 해소하고자 했다.

성숙한 예수님의 제자들은 피하거나 변경할 수 없는 하나님의 뜻에 순복하는 것은 물론이었고 그에 한 발 더 나아가 눈물과 고통 속에서도 그분의 뜻을 기꺼이 받아들였다.

사도 바울이 어떤 상황에서도 자족하는 법을 배웠다는 말을 한 번 더 되새기기 바란다. 그는 단번에 배운 것이 아니라 일련의 과정을 거치면서 배웠다. 풍족할 상황이든 빈곤한 상황이든, 어떤 상황도 이겨내는 법을 배운 것이다. 그 비결은 빌립보서 4장 13장에서 찾을 수 있다. "내게 능력 주시는 자 안에서 내가 모든 것을 할 수 있느니라." 주님과 친밀한 관계를 유지했기 때문에 사도 바울은 모든 상황에서 승리하고 만족할 수 있었다. 힘든 상황에서 도망가지 않았고 그 상황을 영적 성숙의 기회로 삼았다. 오로지 예수님을 의존했기에 어떤 상황에서도 자유로울 수 있었던 것이다.

유혹과 시험에 대처하기

하나님은 사탄의 유혹도 사용하셔서 우리의 성품을 성숙하고 강하게 만드실 수 있다. 킹제임스 영어번역본에는 유혹이라는 단어가 하나님과 사탄 모두에게 해당하는 말로 번역되어 있다. 그러나 성경 원어에는 두 개의 히브리어와 헬라어 단어가 사용되었다. 각각의 단어는 그 의미가 조금씩 달랐다. 첫 번째로 유혹은 시험한다는 의미로 사용되었는데 금을 정련할 때 불순물을 제거해서 순금을 만드는 과정에 비유할 수 있다. 이러한 시험은 하나님이 하시는 것이고 언제나 좋은 의미에서 사용되었다. 두 번째로는 유혹하다, 혹은 꾀어내다는 뜻으로 약한 곳을 찾아내어 공격한다는 말이다. 이 단어는 항상 나쁜 뜻으로 사용되었다.

하나님은 인간이 악에 빠지도록 유혹하는 분이 아니므로약 1:13 이것은 사탄이 하는 일이다.

요셉의 경우를 보면 그 두 가지 유혹이 섞여 있는 것을 보게 된다. 요셉은 형제들 앞에서 과거를 뒤돌아보며 "당신들은 나를 해하려 하였으나 하나님은 그것을 선으로 바꾸사"라고 이야기했다창 50:20.

사탄은 제자들을 유혹해서 죄를 짓게 만들지만 하나님은 제자들을 시험하셔서 성숙한 인품을 갖게 하시고 영적 성숙으로 인도하신다. 야고보는 시험에 임하는 올바른 태도에 대해 다음과 같이 충고했다. "내 형제들아 너희가 여러 가지 시험을 당하거든 온전히 기쁘게 여기라 이는 너희 믿음의 시련이 인내를 만들어 내는 줄 너희가 앎이라… 시험을 참는 자는 복이 있나니"약 1:2, 3, 12.

시험에 대한 대표적인 말씀이 고린도전서에 나온다.

"사람이 감당할 시험밖에는 너희가 당한 것이 없나니 오직 하나님은 미쁘사 너희가 감당하지 못할 시험 당함을 허락하지 아니하시고 시험 당할 즈음에 또한 피할 길을 내사 너희로 능히 감당하게 하시느니라"고전 10:13.

이 말씀은 시험당하는 영혼에게 크나큰 위로를 주는 말씀이다. 하나님이 어떤 분인지를 네 가지로 보여 주는데 모두가 시험을 당하는 순간에 버팀목이 되어 주는 내용이다.

하나님은 미쁘시다. 하나님을 신뢰하며 도움을 구하는 자들의 간구를 하나님은 절대로 모른 척하지 않으신다. 자신이 한 말씀에 절대적으로 충실한 분이다.

하나님은 전능하시다. 하나님은 모든 상황을 다스리시며 시험의 강도를 조절하신다. 왜냐하면 각자 얼마큼의 짐을 질 수 있는지 그 '한계'를 아시기 때문이다. 그 사실을 알게 되면 어떤 어려움이 와도 우리는 절대 쓰러지지 않을 것을 확신할 수 있다.

하나님은 공정하시다. 하나님의 시험은 모든 사람에게 공평하다. 어려움이 심해질수록 자기만 그런 시험과 어려움을 당한다고 생각하기 쉽지만 사실은 그렇지 않다. 시험의 내용이나 방법은 다를 수 있겠지만 누구에게나 동일한 법칙과 원리 아래에서 시험을 받게 된다.

하나님은 강하시다. 하나님은 어떤 종류의 시험이든지 도망갈 길을 마련해 주신다. 그 길로 통하는 문의 열쇠는 가까운 곳에 걸려 있다. 그 길로 가면 얼마든지 패배를 피할 수 있다. '감당하다'로 번역된 단어의 의미는 '다치지 않고 통과하다'이다. 그러나 사탄이 쳐 놓은 덫은 조심해야 한다. 교활하고 음흉한 방법을 사용하기 때문이다.

사탄은 절묘한 시기를 포착하는 데에도 능란하다. 엘리야는 육체적으로나 정신적으로 완전히 지쳐 있을 때 절망과 도주의 유혹에 빠졌다. 요셉은 집안에 아무도 없는 상황에서 보디발 아내의 유혹을 받았다. 요나는 하나님의 명령을 거역하고 도망가던 중에 때마침 정박해 있는 다시스행 배를 발견했다. 다윗은 왕으로서의 의무를 다하지 않고 필요 이상의 휴식을 취하고 있을 때 성적 유혹에 걸려들었다. 예수님은 40일간 금식하고 극심한 영적 압박감에 눌려 있을 때 사탄의 시험을 받으셨다.

어느 경우이든 사탄은 절묘한 순간을 포착하여 최대의 효과를 얻고자 한다. 따라서 베드로의 경고에 귀를 기울일 필요가 있다. "근신하라 깨어라 너희 대적 마귀가 우는 사자같이 두루 다니며 삼킬 자를 찾나니"벧전 5:8.

올바른 습관들이기

어떤 면에서 우리의 삶은 습관을 붙이고 습관을 고치는 과정이라고 할 수 있다. 인간은 습관으로 살아가는 존재이기 때문이다. 우리는 무의식적으로 여러 가지 습관을 형성하면서 산다. 따라서 습관이라는 영역도 주님이 다스리셔야 할 삶의 한 영역이고 영혼의 성숙에 필수불가결한 요소다.

일단 예수님을 영접한 사람은 더 이상 성숙 불가능한 사람이 아니라는 점을 명심해야 한다. 사도 바울은 이렇게 말했다. "그런즉 누구든지 그리스도 안에 있으면 새로운 피조물이라 이전 것은 지나갔으니 보라 새 것이 되었도다"고후 5:17. 예수님을 영접한 사람에게는 성령께서 내주內住하신다. 성령이 가장 원하시는 것은 신자들이 그리스도를 닮는 것이다. 그 목적을 달성하기 위해 힘을 주시겠다고 하나님은 약속하셨다.

"너희 안에 행하시는 이는 하나님이시니 자기의 기쁘신 뜻을 위하여 너희에게 소원을 두고 행하게 하시나니"빌 2:13. 우리가 할 일은 이러한 약속의 말씀을 바탕으로 올바른 습관을 들이고 나쁜 습관을 고치는 것이다.

사람은 누구나 좋지 못한 습관들을 갖고 있기 마련이다. 그 중에는 명백하게 잘못된 습관들도 있고 그 자체로 잘못은 아니지만 도움이 안 되는 습관들도 있다. 예를 들어 시간을 제대로 지키지 않는 습관이 그렇다. 어떤 사람들은 항상 늦는다. 기다리는 사람의 시간을 낭비하게 만든다는 사실을 전혀 개의치 않는 듯하다. 그런 습관이 몸에 배면 다른 사람들에게 폐를 끼치고 자신의 잘못으로 인해 심각한 결과를 빚을 수도 있다. 그런 습관을 고치기 위해서는 항상 십분 일찍 도착하겠다는 굳은 결심을 갖고 실천에 옮겨야 한다. 새로운 습관, 올바른 습관을 형성하는 일에 성령은 언제나 도움을 주신다. 그러나 먼저는 우리 자신이 나서서 실천해야 한다. 하나님은 곁에서 돕는 분이실 뿐, 우리 대신 해 주지 않으신다.

하나님은 흙과 씨와 비를 주시고 인간은 기술과 노력과 땀을 제공한다. 다시 말해 제자는 하나님이 원하시고 도와주시는 일을 하는 사람들인 셈이다빌 2:12.

우리의 영혼을 위해서는 경건한 신앙생활을 일관되게 실천하는 습관이 다른 어떤 습관보다도 중요하다. 규칙적으로 하나님 앞에 나아가야 한다. 쉬운 일은 아니지만 그 중요성과 가치는 아무리 강조해도 지나치지 않다. 그렇기 때문에 경건생활에 대한 습관은 원수의 끊임없는 공격에 시달릴 것을 예상해야 한다.

나는 하루를 시작하는 첫 한 시간을 경건의 시간으로 따로 떼어놓는 것이 가장 바람직하고 합리적이라고 생각한다.

말이든 행동이든

하얀 두루마기 위에 오점이 되었다면

새로운 날을 주님께 드려라.

그리고 모든 날을 봉헌하라.

그런 후에는 어떤 기록이 쓰일지 두려워 말라.

주님은 분명히 기록하실 것이다.

주님이 무엇을 하시든

그것은 반드시 옳고 참될 것이다.

아침시간이 지나면 그날 해야 할 일들이 기다리고 있다. 때로 방해거리가 나타나기도 하겠지만 그럼에도 불구하고 정해진 시간에 규칙적으로 경건의 시간을 갖는 것이 가장 도움이 된다. 세상의 안개와 구름을 호흡하기 전에 천국의 향기를 맡는다면 얼마나 좋겠는가?

경건의 시간을 보내면서 마음과 정신을 새롭게 한 후에 사람들을 만나고 골치 아픈 문제들을 대하는 것이 좋다. 그날의 임무와 할 일을 하나님께 맡겨드리고, 성경 구절을 외운 후에 하루 종일 그 말씀을 되새겨 보는 것도 바람직한 일이다. 성경을 읽을 때는 그 말씀을 토대로 특별한 생각이나 깨달음이 있는지 유의하며 읽어야 한다.

성경에서 배운 원칙들을 하루의 생활 속에 적용하는 것도 중요하다. 성경 말씀에는 지침이 되는 원칙이 있고, 순종해야 할 명령이 있고, 유의해야 할 경고가 있고, 따라야 할 본보기가 있고, 명심해야 할 약속이 있다.

기도하는 시간에는 먼저 하나님이 함께하시기를 구하라. "하나님을 가까이 하라 그리하면 너희를 가까이 하시리라"약 4:8는 말씀을 잊지 말라. 기도에는 두 가지 면이 있다. 어떤 경우에는 하나님의 음성을 듣기 위해 그저 침묵하는 것이 좋을 때가 있다.

소리를 내어 기도하는 것이 집중에 도움이 된다면 그렇게 하라. 만일 혼자 있을 만한 장소를 찾기 어렵다면 조용히 자신의 내면에 정신을 집중하라. 저녁에는 그날 하루를 되돌아보고 회개를 하거나 감사기도를 하면서 하나님에 대한 생각으로 하루를 마감하도록 하라.

묵상을 · 위한 · 질문

1. "우리가…완전한 데로 나아갈지니라"는 말씀의 뜻을 세 가지로 해석할 수 있다고 했는데 당신은 어떤 해석이 가장 마음에 드는가? 그 이유는 무엇인가?

2. 고린도전서 10장 13절 말씀은 당신이 영적 성숙을 추구하는데 어떤 도움을 주는가?

3. 당신이 지금 현재 신앙생활의 습관을 형성하기 위해 의도적으로 실천하고 있는 것은 무엇인가?

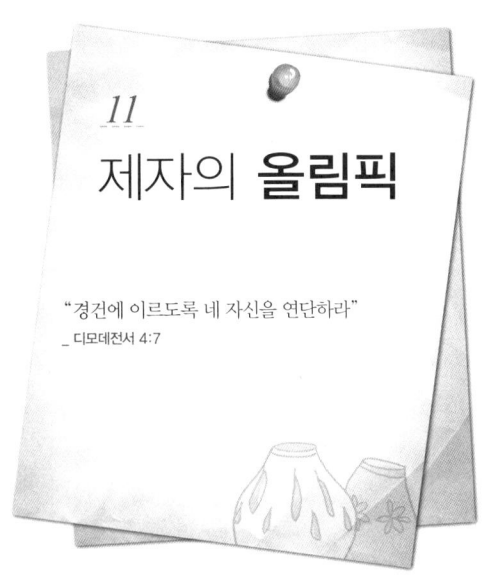

11
제자의 **올림픽**

"경건에 이르도록 네 자신을 연단하라"
_ 디모데전서 4:7

올림픽 경기는 원래 종교와 아무 상관이 없는 대회지만 *1956*년 호주의 멜버른에서 열린 경기만큼은 예외였다. 성대한 개막식에서 대규모 합창단이 나와 헨델의 메시아에 나오는 '할렐루야 합창'을 불렀던 장면은 그야말로 최대의 압권이었다.

원래 올림픽은 우상숭배의 성격으로 시작된 경기지만 우리는 올림픽 경기를 통해서 많은 것을 배울 수 있다. 신약의 저자들, 그 중에서도 특히 사도 바울은 운동선수의 훈련과 경기를 그리스도인의 임무와 특권에 연관지어 많은 유사점들을 언급했다. 아마도 바울은 고린도 지역에서 *2*년마다 벌어졌던 '고린도 지협 경기대회'를 염두에 두고 말했던 것 같다.

패기와 경쟁이 넘치는 운동 경기의 성격을 바울도 잘 알고 있었을 것이다. 그래서인지 그는 신약의 50곳이 넘는 곳에서 운동 경기에 대해 언급하고 있다.

지금도 그렇지만 그 당시에도 운동 경기에 참가하는 선수들은 누구나 뛰어난 기량으로 상대를 제압해야만 했다. 자신이 참가한 종목에서 우승하는 것이 모든 참가자들의 목표였다.

언젠가 뉴질랜드의 한 젊은 선수가 싸이클링 대회에서 국내 최고기록을 경신하는 장면을 텔레비전으로 시청한 적이 있다. 그 선수는 경기 후 가진 인터뷰에서 "앞으로 어떤 계획을 갖고 계십니까?"라는 질문에 그는 서슴없이 "세계 최고의 싸이클링 선수가 되고 싶습니다"라고 대답했다.

그는 자신의 꿈을 이루기 위해 어떤 대가라도 치를 각오를 하고 있었다. 혹독한 훈련, 피나는 연습, 개인 생활의 포기, 갖가지 희생을 치를 각오가 되어 있었다. 그 모두가 한 개의 금메달을 위해, 아니 최소한 동메달을 위해서였다. 그런데 왜 주님의 제자들은 예수님을 위해 최고가 되겠다는 야망을 갖지 못하는 걸까? 당신은 경건에 이르도록 자신을 연단하는가, 아니면 대충 살면서 타성에 젖어 있는가?

서머나의 감독이었던 폴리캅은 이런 기도를 드렸다. "하나님, 제가 예수 그리스도를 위해 희생하고 정복하는 진정한 선수가 되게 해 주소서." 결국 그는 그 기도대로 주님을 위해 담대하게 순교했다. 현대사회는 스포츠를 우상처럼 떠받드는 세상이지만 대부분의 운동선수들은 텔레비전에서나 볼 수 있고 실제로 경기에 참가하는 사람들은 매우 드물다. 불행하게도 교회에서도 비슷한 일이 일어나고 있다.

필수적인 훈련

"육체의 연단은 약간의 유익이 있으나 경건은 범사에 유익하니 금생과 내생에 약속이 있느니라"딤전 4:8.

사도 바울은 고린도 교인들에게 편지를 쓰면서 다음과 같은 사실을 주지시켰다. "이기기를 다투는 자마다 모든 일에 절제하나니 그들은 썩을 승리자의 관을 얻고자 하되 우리는 썩지 아니할 것을 얻고자 하노라"고전 9:25. 올림픽에 출전하는 선수는 *10개월간 집중 합숙훈련을 받는다. 어느 누구도 예외가 될 수 없다.

합숙훈련 기간에 선수들은 극도의 절제된 삶을 살아야 한다. 운동에 영향을 미칠 만한 일체의 욕구나 오락을 자제하고, 식사를 조절하고, 신체의 필요 없는 지방도 제거해야 한다. 요즘은 '네 맘대로 해. 너만 좋으면 그만이지'라는 식의 사고방식이 만연한 세상이지만 예수님을 위해 뛰는 선수들은 그렇게 살면 안 된다.

호레스는 고대 운동 경기의 규정이 어떠했는지를 다음과 같이 기록했다. "생활은 소박해야 하고 음식은 절제한다. 당류 음식은 금지하라. 날씨가 춥든 덥든 항상 정해진 시간에 훈련하도록 한다. 냉수나 포도주는 가급적 마시지 않는다. 의사를 의존하듯 훈련교관을 의존하라. 그런 후에 경기에 임하라."

게으르고 절제 못하는 제자들에게 이 말은 얼마나 큰 자극제인가?

솔직히 말해서 '절제 못하는 제자'라는 말 자체가 말이 안 된다. '절제하다'discipline는 단어와 '제자'disciple라는 단어는 같은 어근에서 파생한 말이다. 그럼에도 불구하고 절제는 현대 사회의 미운오리새끼로 전락했다.

요즘은 성령론이 큰 주목을 받고 있다. 바람직한 일이다. 그러나 갈라디아서 5장 22-23절 말씀은 그만큼 주목을 못 받는 것 같다. "성령의 열매는… 절제니" 성령께서 삶 속에 역사하신다는 명확한 증거 중의 하나는 감정적 체험이 아니라 절제된 생활이다.

승리의 월계관을 목표로 뛰는 예수님의 선수들은 함부로 살거나 방종하지 않아야 한다. 아울러 불경건한 시대정신과 언제든 맞설 준비가 되어 있어야 한다. 희생하고, 훈련하고, 절제하는 운동선수들에게는 찬사와 박수를 보내면서 막상 그리스도의 제자가 되기 위해 그와 같은 헌신을 해야 한다고 하면 등을 돌리는 이유는 뭘까?

디모데전서 4장 7절에서 바울은 '연단'이라는 단어를 사용했는데 그 단어에서 현재 체육관을 뜻하는 영어의 짐네지엄gymnasium이 파생되었다. 운동선수들이 근육을 단련시키고, 호흡을 고르고, 유연성을 얻는 장소가 체육관이다. 체육관에서 운동선수들이 훈련하듯 성령은 모든 제자들이 신앙적으로 똑같이 훈련하기를 바라신다. 요즘에는 건강을 위해 사람들에게 에어로빅 운동을 많이 권한다. 제자들도 그처럼 영적인 에어로빅에 매진해야 한다.

실컷 먹고 살찐 사람이 달리기 경주에서 좋은 성적을 낼 리 없다. 게으른 선수는 메달을 따지 못한다. 성 아우구스티누스도 그 사실을 알았기에 그는 종종 다음과 같은 기도를 올렸다.

"하나님, 하나님을 향해서는 불타는 마음을, 다른 사람들을 향해서는 사랑의 마음을, 나 자신을 향해서는 강철의 마음을 품게 하소서."

노인을 위한 올림픽

하나님이 젊은 사람들만 선호하지 않는다는 사실은 나이 들어가는 사람들에게 무척이나 반가운 소리다. 올림픽 경기를 생각하면 자연적으로 팔팔하고 혈기왕성한 젊은이들을 떠올리게 된다. 경기에 참가하는 선수들은 전부 그런 청년들이다.

그러나 사도 바울은 자신이 경주의 결승점에 가까운 사람이라고 이야기했다. 그의 말을 직접 들어보라.

"운동장에서 달음질하는 자들이 다 달릴지라도 오직 상을 받는 사람은 한 사람인 줄을 너희가 알지 못하느냐 너희도 상을 받도록 이와 같이 달음질하라…그러므로 나는 달음질하기를 향방 없는 것같이 아니하고 싸우기를 허공을 치는 것같이 아니하며 내가 내 몸을 쳐 복종하게 함은 내가 남에게 전파한 후에 자신이 도리어 버림을 당할까 두려워함이로다"
고전 9:24-27.

감사하게도 나같이 나이 든 제자들도 달음질에서 제외되지 않는다! 우리는 주님을 믿는 순간에 달음질을 시작한다. 처음에는 *100미터 달*

리기처럼 보이지만 머지않아 인내와 영적 힘이 필요한 마라톤 경주임을 깨닫게 된다. "인내로써 우리 앞에 당한 경주를 하며"히 12:1라는 말씀처럼 상을 받기 위해서는 참고 달려야 한다.

시간이 지나다 보면 신앙생활도 느슨해지고 마음가짐도 해이해지는 게 사실이다. 지금 당신은 그렇게 느슨하고 해이해진 상태로 살고 있는가? 달음질을 그만두고 트랙에서 이탈하고 싶은 생각이 드는가? 십자가에 달리신 그분은 결코 달음질을 멈추지 않았고 하나님을 위해 헌신했던 수많은 남녀들도 마찬가지였다.

> 하나님, 불쌍한 소리로 애걸하는 비겁자,
> 저 자신에게 강경해지게 하옵소서.

올림픽 규정

"경기하는 자가 법대로 경기하지 아니하면 승리자의 관을 얻지 못할 것이며"딤후 2:5.

선수들이 최우선적으로 해야 할 일은 경기의 규정을 아는 일이다. 규정대로 경기하지 않으면 절대로 이길 수가 없다. 성 아우구스티누스는 그 점을 강조했다. "애써 노력하는 것은 알겠는데 혹시 경주로를 벗어나 달리는 것은 아닌가?"

운전사가 되려는 사람은 얼마나 꼼꼼하게 '교통법규'를 숙지해야 하는가? 우리도 그렇게 열심히 신앙의 교통법규를 숙지하면서 지키고 있는가?

그리스도인의 교통법규는 두말할 것도 없이 신약성경이다. 성경책 안에는 우리가 해야 할 것과 하지 말아야 할 모든 규정이 상세히 안내되어 있다. 더욱이 일반 교통법규에는 없는 특별한 보너스까지 있다. 선수가 경주를 끝낼 때까지 필요한 힘과 능력을 부여해 주겠다는 약속이 그것이다. 사도 바울은 그 능력을 힘입어 달렸고 마침내 결승점에 들어오는 순간을 다음과 같이 간증했다. "나는 선한 싸움을 싸우고 나의 달려갈 길을 마치고 믿음을 지켰으니"딤후 4:7.

달음질의 방해요소

"너희가 달음질을 잘 하더니 누가 너희를 막아 진리를 순종하지 못하게 하더냐"갈 5:7.

결승점을 향해 달려가지 못하도록 우리를 경주에서 이탈시키려는 세력들이 많이 있다. 장장 6천 년 동안이나 악질적인 방해공작을 펼쳐온 원수들은 지금도 우리를 호시탐탐 노리고 있다.

그리스신화에는 아틀란타와 히포메네스 이야기가 나온다. 사냥개보다 빠른 발을 가졌다는 아틀란타는 청년들에게 자신과 달리기 경주를 해 보자고 제안했다. 자기보다 빨리 달리는 사람과는 결혼하겠지만 경주에서 지는 사람은 사형에 처한다는 조건이었다. 수많은 청년들이 그 제안을 받아들인 것을 보면 아틀란타는 무척이나 아름답고 매력적인 아가씨였던 것 같다. 하지만 모두가 아틀란타에서 져서 목숨을 잃고 말았다.

히포메네스라는 청년도 아틀란타에게 도전장을 내밀고 달리기 경주를 시작했다. 그는 황금사과 세 개를 몰래 몸속에 숨기고 뛰었다. 역시 이번에도 아틀란타는 히포메네스를 제치고 앞서 달리기 시작했다. 헤포메네스는 황금 사과 한 개를 꺼내어 아플란타 앞으로 던졌다. 반짝이는 황금을 본 아틀란타는 발을 멈추고 그것을 집어 들었다. 그 사이 히포메네스는 아틀란타를 앞질렀다. 그것을 본 아틀란타는 다시 정신을 가다듬고 그를 쫓아가기 시작했다. 얼마 후에 그가 다시 한 번 황금사과를 아틀란타 앞에 던졌고 그녀는 다시 멈추어 서서 사과를 집어 들었다. 그 사이 히포메네스가 이번에도 아틀란타를 앞질렀다. 결승점이 가까워질 무렵 다시 아틀란타가 히포메네스를 앞서 갔다. 더 이상 기회가 없다는 걸 눈치 챈 히포메네스는 마지막 황금사과를 그녀 앞에 던졌고 아틀란타가 사과를 주울까 말까 망설이는 동안 결승선을 통과했다. 그리하여 두 사람은 결혼을 했고 행복하게 살았다는 이야기다.

우리의 교활한 원수들은 히포메네스의 황금사과 전술을 능수능란하게 이용한다. 경기의 규정도 지키는 법이 없고 모든 교활한 방법을 동원해서 우리가 승리하지 못하도록 방해공작을 펼친다. 그러나 사도 바울은 "그 계책을 알지 못하는 바가 아니로라"고후 2:11고 원수의 전략을 비웃었다. 물론 모두가 사도 바울처럼 성숙한 사람들이 아니기에 그런 이야기를 자신 있게 하지는 못한다. 원수의 교묘한 술수와 농간을 분별하고 대처하지 못하는 영적으로 무지한 사람들이 상당히 많이 있다.

히브리서 기자는 운동선수들이 부딪치는 갖가지 장애와 방해요인을 알고 있었기에 다음과 같이 충고했다. "이러므로 우리에게 구름같이 둘러싼 허다한 증인들이 있으니 모든 무거운 것과 얽매이기 쉬운 죄를 벗어 버리고 인내로써 우리 앞에 당한 경주를 하며"히 12:1.

고대 올림픽 경기에 출전하는 선수들은 발목까지 오는 긴 일상복을 입지 않고 간편한 경주용 운동복을 입었다고 한다. 긴 옷은 빨리 뛰는 데 걸림돌이 되었기에 그들은 필요한 부위만 가리고 거의 맨 몸으로 뛰었다.

우리의 신앙 경주에 있어서도 방해가 되고 거치적거리는 요소들은 전부 내버려야 한다. 우리를 옭아매고 영적 성숙을 가로막는 죄들을 과감히 내던졌는가? 그건 하나님이 해 주시는 것이 아니라 우리 자신이 결단을 내리고 의지적으로 해야 할 일이다. 사탄의 유혹은 우리의 식욕, 탐욕, 불순한 야망의 통로를 통해 들어온다. 우리 삶의 어느 영역에서 사탄의 황금사과에 유혹되어 있는지를 항상 확인해야 한다.

푯대를 향하여

"믿음의 주요 또 온전하게 하시는 이인 예수를 바라보자"히 12:2.

고대 그리스의 달리기 경주는 매우 격렬하고 치열한 경기로 알려져 있다. 어느 경기에서는 아다스라는 사람이 선두주자로 결승점을 통과한 후에 그 자리에 쓰러져 숨을 거두었다고 한다. 체력적 한계를 넘어서는 무리한 경기운영의 결과였다. 경주에서 우승하기 위해서는 선수들의 체력과 인내가 최대한 요구된다.

출발선에서 달려 나간 선수들은 결코 뒤를 돌아보지 않는다. 한눈팔지 않고 오로지 결승점을 향해서만 뛰어야 한다. 우승을 하고 싶다면 눈을 결승점의 푯대에 고정한 채 앞만 보고 달려야 한다. 바로 그 장면이 빌립보서 3장에서 바울이 했던 말씀의 배경이다. "형제들아 나는 아직 내가 잡은 줄로 여기지 아니하고 오직 한 일 즉 뒤에 있는 것은 잊어버리고 앞에 있는 것을 잡으려고 푯대를 향하여 그리스도 예수 안에서 하나님이 위에서 부르신 부름의 상을 위하여 달려가노라"빌 3:13-14.

그러므로 제자들은 계속해서 눈을 예수님에게 고정시켜야 한다. 우리의 재판장이시고, 심판관이시고, 상 주시는 분인 예수님만 바라보며 나아가자. 과거의 것은 후회나 감상에 젖지 말고 과감히 잊어버리자. 과거의 실패와 좌절뿐 아니라 성공과 승리도 잊어버리자. 그저 주님께 눈을 고정시키고서 앞만 보며 달려가야 한다. 우리에게 믿음을 주신 분도 주님이시고 우리가 끝까지 달려가도록 힘을 주시는 분도 주님이시다.

고린도전서 9장 6-27절에서 사도 바울은 달리기 경주 뒤에 권투에 대한 비유를 들었다. "나는 달음질하기를 향방 없는 것같이 아니하고 싸우기를 허공을 치는 것같이 아니하며 내가 내 몸을 쳐 복종하게 함은."

권투는 올림픽의 5종 경기 중 하나였다. 바울은 그 5종 경기를 인용해서 유혹에 취약한 자신의 모습을 이야기하고 있다. 그는 자신의 가장 큰 적은 바로 자기 자신 안에 있다고 한탄했다. "내 속 곧 내 육신에 선한 것이 거하지 아니하는 줄을 아노니"롬 7:18.

나와 당신의 영광 사이에
한 남자가 서 있던 적이 허다했네.
그의 이름은 '자아', 세속적인 '자아'는
나와 당신의 영광 사이에 서 있네.
오, 구세주여
그를 제어하소서, 제어하소서.
꼼짝 못하게 하소서!
오직 당신 자신만 높이소서.
당신의 십자가만 높이 드시고
그 밑에서 십자가를 따르는 자는
숨겨 주소서.
_ 작자 미상

어스름한 새벽에 중동도시의 거리들을 걷다보면 허공을 향해 주먹을 휘두르는 사람들을 심심치 않게 보게 된다. 그러나 그들을 겁낼 이유는 하나도 없다. 단지 권투 연습을 하고 있을 뿐이니까.

사도 바울은 바로 그와 같은 권투선수였다. "싸우기를 허공을 치는 것같이 아니하며 내가 내 몸을 쳐 복종하게 함은."

상급

"너희도 상을 받도록 이와 같이 달음질하라"고전 9:24.

운동선수로 하여금 혹독한 훈련과 절제를 견뎌 내도록 하는 힘은 무엇인가? 고액의 우승상금과 값진 우승 트로피일까? 사실은 '썩을 승리자의 관을 얻고자' 함이다. 월계수 잎으로 만든 대단한 값어치도 없는 면류관이다. 하지만 모든 나라의 운동선수들은 그 명예를 위해 싸운다. 키케로는 전쟁에서 승리하고 돌아오는 개선장군보다 올림픽 영웅을 더 영예롭게 환대했다. 하지만 여전히 그들이 받은 것은 영원히 지속되지 못할 상이었다.

올림픽 경기에서의 절정은 우승한 선수에게 심판관이 승리의 월계관을 씌워 주는 순간이었다. 주변에 모인 사람들은 우승자에게 박수갈채를 보내면서 꽃과 선물로 승리를 축하해 주었다.

그 장면을 떠올리면서 사도 바울은 자신이 세상 마지막 날에 받을 면류관을 상상했다. "이제 후로는 나를 위하여 의의 면류관이 예비되었으므로 주 곧 의로우신 재판장이 그 날에 내게 주실 것이며 내게만 아니라 주의 나타나심을 사모하는 모든 자에게도니라"딤후 4:8.

바울은 오직 그리스도만을 바라보면서 수십 년간을 달려왔다. 주님이 못 박힌 손으로 그의 머리에 면류관을 씌워 주시는 순간 지난날의 고생은 모두 보상이 되고도 남을 것이다. 주님으로부터 '잘했다!' 라는 말을 들으면 그 모든 희생과 수고가 아무것도 아니게 느껴질 것이다.

사도 바울은 올림픽 경기의 비유를 매우 심각한 말로 매듭지었다. 비록 대단한 업적은 이루었지만 여전히 원수의 교활함과 자신의 인간적 나약함을 간과하지 않았다. "내가 내 몸을 쳐 복종하게 함은 내가 남에게 전파한 후에 자신이 도리어 버림을 당할까 두려워함이로다"고전 9:27.

나이가 들어 노인이 되어도 젊었을 때와 똑같이 죄의 유혹에는 여전히 약하고, 세상은 여전히 어둡고, 사탄은 여전히 잔악하다는 사실을 깨닫고 바울은 두려움에 사로잡혔다.

여기에서 '버림을 당할까'라는 말은 구원을 받지 못한다는 의미가 아니다. 바울은 자신의 구원에 대해서는 의심의 여지가 없었다. 다만 심판관이신 하나님 앞에서 질책을 받거나 버림을 받아서 자신의 달음질이 헛된 수고가 될지 모른다는 두려움이었다. 우리도 그와 같은 두려움을 갖고 '상을 받도록' 달음질하자.

주여, 당신의 길을 가르치소서.
당신의 길을 가르치소서.
당신의 은혜를 베푸시고
당신의 길을 가르치소서.
나의 여정이 끝날 때까지
달음질을 마칠 때까지
면류관을 받을 때까지
당신의 길을 가르치소서.
_ B. M. R.

묵상을 · 위한 · 질문

1. 당신이 신앙의 올림픽에서 성취하고 싶은 것은 무엇인가?

2. 당신은 신앙의 올림픽을 어떻게 준비하고 있는가?

3. 당신은 상을 받기 위해 어느 정도로 달음질을 하고 있는가?

12
제자의 긍휼

"무리를 보시고 불쌍히 여기시니"
_ 마태복음 9:36

"자리에 앉게나, 젊은이! 하나님이 이교도들을 구원할 마음이 있으시다면 자네가 도와주지 않아도 구원하실 것이네!" 물론 제화공의 도움이 없어도 하나님은 얼마든지 구원사역을 혼자 하실 수 있는 분이었다. 하지만 그렇게 하지 않으셨다.

하나님은 영국 촌구석에 살고 있는 촌티 나는 제자 한 명을 부르시고 그를 준비하고 사용해서 현대선교의 아버지가 되게 하셨다. 그가 바로 윌리엄 캐리였다. 그는 당시의 조직신학이나 선교학에 정통한 학자는 아니었지만 자신의 임무를 감당할 충분한 자질을 갖춘 사람이었다. 주님을 향한 뜨거운 사랑이 있었고, 주님을 모르는 머나먼 타국 사람들에 대한 긍휼의 마음이 있었다.

벽에 커다란 세계지도를 붙여놓고 작업장에 앉아서 열심히 구두를 만들던 캐리에게 하나님은 선교의 열정을 불붙여 주셨다. 목자 없는 양처럼 방황하는 불쌍한 이스라엘 사람들을 바라보며 주님이 아픔을 느끼셨던 것처럼 윌리엄 캐리의 마음에도 동일한 아픔이 자리 잡았다.

기독교인들 중에는 심지어 복음주의파 사람들도 예수님을 믿지 않는다고 지옥에 가는 게 아니라고 생각하는 사람들이 있다. 소위 '만인구원론' 이라는 것이 공감을 얻었기 때문이다. 만인구원론이란 하나님의 사랑이 진노보다 크기에 결국은 모든 사람들이 구원을 받을 것이라는 주장이다. 이런 견해를 가진 사람의 동기를 비난하고 싶지는 않다. 그러나 한 가지 분명하게 짚고 넘어가야 할 것은 예수님과 사도들이 성경을 통해 말씀하신 내용이 과연 그런 말씀이었나 하는 점이다.

성경 어디에도 복음을 듣지 못한 사람들 모두가 지옥에 떨어진다고 이야기하지는 않는다. 사실 이 세상에는 단 한번도 복음을 들을 기회가 없는 사람들이 부지기수다. 만약 그런 사람들이 전부 구원을 받지 못한다면 그건 나나 당신도 마찬가지다. 그들이나 우리나 모두가 태어나면서부터 죄인이고 살면서 계속 죄를 짓는다. 사도 바울도 그 점을 명확하게 밝혔다. "모든 사람이 죄를 범하였으매 하나님의 영광에 이르지 못하더니"롬 3:23.

복음을 듣지 못한 사람들

사도 바울은 복음을 들은 사람과 듣지 못한 사람을 구분해서 말하지 않았다. 모두가 죄인이기에 모두가 하나님의 영광에 이르지 못한다고 말했다. 하나님은 인류전체가 죄 아래 있다는 결론을 내리신 것이다. 이 사실이 하나님으로 하여금 긍휼을 받을 모든 인간에게 긍휼을 베풀게 하신 것이다.

여기에서는 그 주제를 더 이상 확대해서 논쟁하고 싶지 않다. 구원론에는 뼈아픈 진실이 담겨 있고 그에 대한 상충된 견해도 있지만 만인구원론을 주장하는 사람들은 다음의 질문에 반드시 대답할 말을 찾아야 한다.

1. 예수님이 하신 "내가 곧 길이요…나로 말미암지 않고는 아버지께로 올 자가 없느니라"요 14:6는 말씀은 상대적인가 절대적인가? 하나님에 대해 들어보지도 못한 사람이 과연 하나님 아버지께로 올 수 있을까?
2. 예수님이 "사람이 물과 성령으로 나지 아니하면 하나님 나라에 들어갈 수 없느니라"요 3:5고 하신 말씀은 예외자 명단을 염두에 두고 하신 말씀인가? 이방인들은 주님을 영접하지 않아도 자동적으로 구원을 받게 되는가?
3. 사도 바울이 에베소 교인들에게 불신자였던 과거를 가리켜 "너희는 그리스도 밖에 있었고…세상에서 소망이 없고 하나님도 없는 자이더니"엡 2:12라고 했던 말은 무슨 뜻인가?
4. 믿지 않는 사람들의 이름이 자동적으로 생명책계 20:12에 기록된다는 것을 증명할 성경적 근거가 있는가? 그런 근거가 있다면 그

들에게 복음을 전하지 않아서 복음을 거부할 기회조차 주지 않는 게 더 현명한 일이 아닐까?
5. 점술가들과 우상 숭배자들이 불과 유황으로 타는 못에 던져질 것이라고 했던 사도 요한의 이야기는 한낱 거짓말이란 말인가? 계 21:8
6. 로마서 *10장 13-15절*에서 사도 바울이 했던 네 가지 질문은 어떻게 해석해야 하나?

"누구든지 주의 이름을 부르는 자는 구원을 받으리라"
"그들이 믿지 아니하는 이를 어찌 부르리요?"
"듣지도 못한 이를 어찌 믿으리요?"
"전파하는 자가 없이 어찌 들으리요?"
"보내심을 받지 아니하였으면 어찌 전파하리요?"
이 질문은 그저 허황된 궤변에 불과한가, 아니면 정답이 있는 건가?

위의 성경말씀으로 보건대 복음을 모르는 이방인들은 구원받지 못한 상태임이 명백하다. 예수님이 십자가에서 돌아가셔야 할 정도로 인간의 구원이 심각한 문제라면 믿지 않는 자의 상태가 얼마나 심각한지, 그들에게 복음을 전해 주어야 할 우리의 노력이 얼마나 시급한지를 짐작하고도 남을 수 있는 일 아닌가?

물론 복음을 듣고도 믿지 않는 사람은 듣지 못한 사람보다 훨씬 책임이 크다는 점을 성경은 분명히 밝히고 있다. 갈보리 언덕의 보혈로 짐작컨대 "세상을 심판하시는 이가 정의를 행하실 것이 아니니이까?" 창 18:25

라는 말씀처럼 하나님의 정의를 믿어 의심치 않는다.

이교도의 죄의식

믿지 않는 불신자들은 진리를 몰라서 어쩔 수 없이 죄를 짓는 것이라고 생각하는 사람들이 많은데 솔직히 말하면 그렇지 않다. 나와 절친한 사람 중에 자이르 공화국에서 사역하는 선교사가 있다. 자이르 공화국은 벨기에 령 콩고로 더 잘 알려진 국가다. 유럽인이나 그리스도인들을 한 번도 만난 적이 없는 그곳의 미개한 원주민들이 과연 어떤 죄의식을 갖고 있는지 궁금했던 그 선교사는 통역자 한 명과 함께 원주민이 사는 마을을 찾아갔다. 그곳은 그때까지 단 한명의 백인도 간 적이 없는 마을이었다. 그는 마을 추장을 만나 인사를 하고 담소를 나누는 가운데 어떤 일을 죄로 생각하느냐고 물어보았다. 그러자 추장은 일말의 망설임도 없이 "살인, 도둑질, 간음, 주술"이라고 대답했다.

그렇다면 그런 일을 할 때마다 자신이 죄를 짓고 있음을 의식하고 있었다는 이야기가 아닌가! 그건 사도 바울이 했던 말과도 일맥상통한다.

"율법 없는 이방인이 본성으로 율법의 일을 행할 때에는 이 사람은 율법이 없어도 **자기가 자기에게 율법이 되나니** 이런 이들은 그 양심이 증거가 되어 그 생각들이 서로 혹은 고발하며 혹은 변명하여 그 마음에 새긴 율법의 행위를 나타내느니라"롬 2:14-15.

이 말씀이 사실이라면 예수 그리스도의 제자들은 당연히 복음을 들을 기회가 없는 불신자들에게 관심을 기울여야 한다.

예수님은 하나님 없이, 소망도 없이 유리하는 군중들을 보시고 불쌍하게 여기셨다.

세 가지 필수품

저명한 시인이자 비평가인 존 러스킨John Ruskin은 훌륭한 화가가 되려면 세 가지 자질이 있어야 한다고 말했다. (*1*) 보는 눈. 캔버스에 그리려고 하는 장면의 아름다움을 볼 줄 아는 눈이 있어야 한다. (*2*) 느낄 줄 아는 마음. 그 장면의 분위기와 아름다움을 느끼는 마음이 있어야 한다. (*3*) 실행하는 손. 자신의 눈이 보고 마음이 느낀 것을 화폭에 담을 수 있는 손이 있어야 한다.

그 세 가지 자질은 주님의 일을 하는 제자들에게 있어서도 가장 필요한 자질이 아닐까?

우리에게는 주변에 있는 사람들의 영적인 필요를 볼 수 있는 눈이 있어야 한다. 육신적인 필요는 훨씬 눈에 잘 띈다. 아무래도 영적인 면보다 눈에 쉽게 들어오기 때문이다. 하지만 영적인 필요는 영적인 사람만이 분별할 수 있다.

예수님은 어떤 세상을 바라보셨는가? "무리를 보시고 불쌍히 여기시니"마 9:36. 예수님은 무리들이 있는 세상을 보셨다. 예수님 당시 세계 인구는 대략 2억 5천만 정도였다. 그럼 우리는 어떤 세상을 바라보는가? 50억의 인구, 정확히 20배가 많은 무리다!

주님은 힘없고 무력한 세상을 바라보셨다. 지금의 세상과 얼마나 똑같은가? 아무리 모든 게 발전했다고 떠들지만 현대인들은 이 위기, 저 위기를 넘으며 해결책도 제대로 찾지 못하고 있다. 예수님 당시 사람들은 불의와 탄압에 시달렸고 마음 둘 곳이 없었다. 영적 상황이 개선될 여지가 희박한 사람들을 보면서 예수님의 마음은 한없이 아프고 무너져 내렸다.

예수님은 또한 목자 없는 세상을 보셨다. 양들은 방향감각이 없고 자신을 방어하거나 공격할 만한 무기가 없다. 예수님은 사람들을 구원받지 못한 존재로 여기셨고 어느 누구도 그들의 영적 상황을 돌보아주지 못함을 한탄하셨다. 지금도 미개발 국가들에 사는 수많은 사람들은 여전히 비슷한 상황에 처해 있지 않은가?

세상 사람들은 저마다 다른 것을 본다. 교육가는 학생들의 가능성을 보고, 정치가는 미래의 유권자들을 보고, 상인은 미래의 고객을 본다. 모두가 자신에게 유익이 될만한 점을 감안하면서 본다는 이야기다. 그러나 예수님은 어느 누구도 자신의 유익을 위해 이용하려하지 않으셨다. 그분은 무리를 보시고 불쌍히 여기셨다. 그와 같은 긍휼의 마음이 그분을 십자가로 이끈 것이다.

사람은 누구나 눈으로 본다. 그러나 진짜로 보는 눈을 가진 사람은 드물다. 우리는 보는 눈을 갖고 있는가?

우리에게는 사람들의 영적인 필요를 느낄 수 있는 마음이 있어야 한다. 긍휼은 단순한 동정이 아니다. 긍휼의 마음은 언제나 사랑의 실천으로 이어진다. '긍휼' compassion 이라는 단어는 '함께 고통 받는다'는 뜻이다. 영어의 'sympathy' 동정, 공감의 뜻-역주 는 원래 헬라어 단어를 라틴어 형태로 바꾼 말로서 다른 대상에게 공감한다는 뜻이 담겨 있다.

A. W. 토저는 남의 아픔을 느끼기보다 자신이 행복하기를 바라는 맹목적 행복추구 현상이 인간 사회에 만연되어 있다고 꼬집었다. 그런 현상은 병적인 행복에의 집착에서 비롯된 것이다. 사람들은 진정한 기쁨과 만족이 어디에서 오는지를 모르고 있다.

마음 아파하시는 예수님의 심정을 조금이라도 이해하는 사람들은 그분과 동일한 관심사를 가져야 마땅하다. 긍휼은 가슴의 언어이고 어느 언어를 사용하는 사람이라도 쉽게 알아듣는 말이다. 어려운 말이 절대로 아님에도 불구하고 정작 우리는 자신의 삶에 너무도 몰두하는 바람에 마음이 굳어져서 다른 사람의 사정에 무관심해져 버렸다.

텔레비전은 시청자들의 감정에 여러 가지로 악영향을 미쳤다. 화면에 빈번하게 등장하는 온갖 비극과 공포와 폭력과 허위 감정에 노출되다보니 보는 사람의 감정마저 무뎌지고 진실한 감정을 느끼기가 힘들어졌다. 우리는 텔레비전 화면에 비치는 끔찍한 장면들을 보고 잠시 충격을 받았다가 금세 채널을 바꿔 다른 프로그램을 쳐다본다. 그렇게 감정적으로 무감각해지니까 그런 현상이 우리의 신앙에까지 영향을 미치는 것이다.

누가는 예수님이 예루살렘 성에 "가까이 오사 성을 보시고 우시며"라고 기록했다 눅 19:41. 예수님의 긍휼은 그분의 눈가를 촉촉이 적셨다.

그리스신화에 나오는 신들과 얼마나 대조적인 모습인가! 그런 신들은 이 세상에 내려와서 그저 즐기고 쾌락에 빠지느라 정신이 없었지만 하나님의 아들은 흐르는 눈물로 자신의 심정을 표현하셨다. 사람들의 죄와 타락으로 예루살렘 성이 몰락할 것을 미리 아셨기에 감정을 주체하지 못하고 눈물을 흘리신 것이다.

상상해 보라. 울고 계신 하나님…! 얼마 있으면 자신을 성문 밖으로 데리고 나가 십자가에 못 박을 사람들을 불쌍히 여겨 눈물을 쏟으시다니! 그 눈물은 *TV* 스타들의 가식적인 눈물이 아니라 진정으로 인간들을 불쌍히 여겨 흘리는 뜨거운 눈물이었다.

사도 바울도 역시 그런 사람이었다. 그는 예수님과 동일한 열정과 긍휼의 마음을 품고 있었다. 에베소 교인들과 작별할 때 그는 이렇게 말했다. "여러분이 일깨어 내가 삼 년이나 밤낮 쉬지 않고 눈물로 각 사람을 훈계하던 것을 기억하라"행 20:31.

우리도 예수님과 같은 마음을 갖고 있는가?

우리에게는 긍휼의 마음을 실천으로 옮길 손이 필요하다. 예수님의 긍휼은 사생아가 아니었다. 불쌍한 생각이 들면 그에 대해 반드시 무언가를 하셨다. 보고 느껴도 행동으로 옮기지 않으면 아무 소용이 없다.

예수님은 선한 사마리아인의 비유를 말씀하시면서 제자들에게 긍휼에 대한 잊지 못할 교훈을 남겨 주셨다눅 10:29-35. 강도는 사마리아 사람을 자신의 먹잇감으로 보았고 제사장과 레위인은 관여하고 싶지 않은 귀찮은 존재로 보았다. 변호사는 그 이야기를 해결해야 할 소송문제로 보았고 여관 주인은 돈을 챙길 수 있는 기회로 보았다. 멸시받던 사마리아인만이 강도 만난 사람을 자신이 도와주어야 할 이웃으로 보았다.

"네 생각에는 이 세 사람 중에 누가 강도 만난 자의 이웃이 되겠느냐 이르되 자비를 베푼 자니이다 예수께서 이르시되 가서 너도 이와 같이 하라 하시니라"눅 10:36-37.

긍휼을 표현하는 최고의 길은 긍휼어린 행동을 하는 것이다. 그렇지 않다면 긍휼은 한낱 싸구려 감상일 뿐이다.

타락한 세상의 고통에 눈을 뜬 제자들, 인간의 비참한 현실에 마음이 움직인 제자들은 행동에 돌입해야 한다.

조지 *R*. 머리 George R. Murray; Bible Christian Union Mission의 총재 박사는 말하길, 자신은 주님께 전적으로 헌신하여 하나님을 언제나 자신의 계획에 포함시키려 노력했지만 하나님은 그가 하나님의 계획에 포함되기를 원하셨다고 했다. 콜롬비아 성경대학에서 선교사 기도모임을 하고 있을 때 자신을 향한 하나님의 계획은 선교사가 되어 미전도 지역에 가서 복음을 전하는 것임을 알게 되었다고 한다. 그때부터 머리 박사는 세상을 하나님이 보는 대로 볼 수 있게 되었다. 그 전에는 선교사로 가고는 싶지만 눌러 앉을 생각만 했는데 그 순간부터는 나갈 계획은 있지만 눌러 앉고 싶은 사람으로 변했다고 우스갯소리를 했다. 얼마 지나지 않아 그는 하나님의 사명을 따라 선교시로 나가게 되었다.

묵상을 · 위한 · 질문

1. 당신은 이 세상을 예수님의 눈으로 보는 법을 배웠는가? 그렇게 된 계기는 무엇이었는가?

2. 당신의 눈과 마음과 손은 조화를 이루고 있는가?

3. 지난주에는 어떻게 당신의 긍휼을 실천했는가?

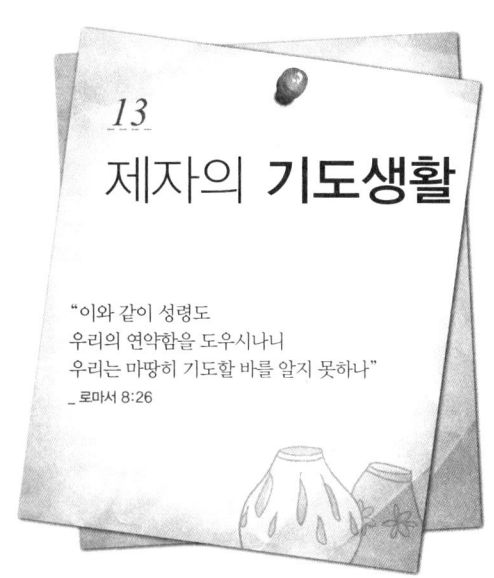

13
제자의 기도생활

"이와 같이 성령도
우리의 연약함을 도우시나니
우리는 마땅히 기도할 바를 알지 못하나"
_ 로마서 8:26

예수님이 얼마나 신실한 기도의 본보기가 되셨던지 제자들은 자발적으로 예수님에게 와서 "주여 요한이 자기 제자들에게 기도를 가르친 것과 같이 우리에게도 가르쳐 주옵소서"라고 간곡히 부탁했다 눅 11:1. 제자들은 예수님이 기도하는 소리를 들으면서 자기들도 하나님 아버지와 그렇게 친밀한 관계를 누리고 싶은 마음이 솟구쳤을 것이다. 우리 역시 제자들이 했던 부탁을 해 보면 어떨까?

　기도는 상당히 역설적인 면이 있다. 지극히 단순하면서도 말할 수 없이 심오하고 고통인 동시에 환희다. 한 가지 주제에만 초점을 맞추기도 하고 이 세상의 오만 가지를 두루 나열하기도 한다. 기도는 '유아들도 할 수 있는 가장 간단한 형태의 말'이면서 동시에 '지존한 하나님에게 도달하는 가장 숭고한 말'이기도 하다. 영적 거인이었던 사도 바울조차

"우리는 마땅히 기도할 바를 알지 못하나"라고 고백한 것을 보면 그런 면에서 고개가 끄덕여진다.

하나님의 관심사를 우선하라

성숙해 가는 제자들에게는 하나님의 관심사가 언제나 최고의 관심사가 되어야 한다. 성숙하지 못한 그리스도인들은 늘 자기 자신을 중심으로 기도한다. 기도하는 법을 가르쳐 달라는 제자들의 요구에 예수님은 "너희는 기도할 때에 이렇게 하라"고 하시면서 그들이 따라할 수 있는 기도의 형태를 가르쳐 주셨다.

마태복음 6장 9-13절에 기록된 기도를 보면 기도의 절반이 하나님과 그분의 관심사에 철저히 몰입되어 있다. 경배, 칭송, 감사가 기도의 최우선이고 그 후에야 개인적인 간구가 이어졌다. 사도 바울의 기도 역시 예수님의 기도와 비슷한 형태를 보인다.

권위 있는 기도

우리는 평화협정이 불가능한 치열한 영적 전쟁 속에서 살아간다. 눈에 보이거나 손에 닿지 않는 원수들이지만 여전히 그들은 강력하다. 그들을 대적할 수 있는 것은 영적인 무기밖에 없다. 그래서 사도 바울은 이렇게 말했다.

"우리가 육신으로 행하나 육신에 따라 싸우지 아니하노니 우리의 싸우는 무기는 육신에 속한 것이 아니요 오직 어떤 견고한 진도 무너뜨리는 하나님의 능력이라"고후 10:3-4.

무기 중에서 기도는 "하늘에 있는 악의 영들"엡 6:12에 대항할 수 있는 가장 강력한 무기다.

"기도를 멈추면 싸우기를 멈추는 것이다.
기도는 그리스도인의 갑주를 빛나게 한다.
아무리 연약한 성도라도 무릎을 꿇으면
사탄은 무서워 벌벌 떤다."
_ 윌리엄 쿠퍼 William Cowper

승패를 결정짓는 열쇠는 기도를 제대로 하는 능력과 영적 무기를 유효적절하게 사용하는 능력이다.

예수님은 교회가 후퇴하는 모습을 상상도 하신 적이 없다. 마을에 나가 전도했던 70명의 제자들이 돌아와서 성공적인 전도에 기쁨을 감추지 못했을 때 예수님은 다음과 같은 인상적인 말씀을 하셨다. "사탄이 하늘로부터 번개같이 떨어지는 것을 내가 보았노라 내가 너희에게 뱀과 전갈을 밟으며 원수의 모든 능력을 제어할 권능을 주었으니 너희를 해칠 자가 결코 없으리라"눅 10:18-19.

　이 이야기는 결국 자신이 섬기는 영역 안에서 권능을 위임받은 제자들은 그러한 권능을 사용하여 사탄을 타도할 수 있다는 것이다. 실제로 제자들은 주님이 약속한 권능을 발휘했다. 하지만 이후에 제자들이 믿음을 잃었을 때는 귀신 들린 아이를 도와주지 못했다. 그들은 스스로의 불신에 마비되었던 것이다. 예수님은 그에 대한 처방전을 다음과 같이 말씀하셨다. "기도 외에 다른 것으로는 이런 종류가 나갈 수 없느니라"막 9:29.

　주님을 신뢰하고 의지하는 기도가 신앙생활의 핵심이지만 사도 바울은 약간 다른 형태의 기도를 강조했다. 주님의 십자가와 부활을 통해 주어진 능력을 부여잡고 끈질기고 강력하게 호소하는 기도야말로 원수의 강력한 진을 파하는 기도라고 했다. 그런 기도는 하나님의 능력과 도움을 받게 되고 전쟁의 현장에 서게 한다.

　기도가 없는 성경공부, 설교, 전도를 사탄은 하나도 두려워하지 않는다고 사무엘 채드윅은 말했다. "사탄은 우리의 노력을 비웃고 우리의 지혜를 조롱하지만 우리가 기도하면 무서워 떤다."

　헐뜯기 바쁜 바리새인들을 향해 예수님은 강한 자의 비유를 들면서 이렇게 말씀하셨다. "사람이 먼저 강한 자를 결박하지 않고서야 어떻게 그 강한 자의 집에 들어가 그 세간을 강탈하겠느냐 결박한 후에야 그 집을 강탈하리라"마 12:29. 사탄과 어둠의 영들과의 영적 전쟁에서 제자들은 주님으로부터 위임 받은 권능을 기도 중에 발휘해야 할 책임이 있다. 그럼으로써 예수님의 승리가 연약한 제자들의 승리가 되는 것이다.

제자는 뻔뻔하게 기도해야 한다

성숙한 제자라면 뻔뻔한 기도가 어떤 기도인지를 알아야 한다. 중보 기도자에게 얼마나 폭넓은 지원이 약속되어 있는지를 감안한다면 우리의 기도가 너무도 소극적이라고 생각하지 않는가? 우리의 기도는 대체로 과거의 경험이나 자연적으로 머릿속에서 떠오르는 생각의 한계를 벗어나지 못한다.

불가능을 가능케 해 달라는 기도는 못할지라도 새롭고 파격적인 기도라도 해 본 적이 있는가?

"그대는 왕에게로 나오는도다!
 그대가 가져온 크나큰 간구들,
 그분의 은혜와 능력은 참으로 광대하여
 지나친 요구라는 말은 있을 수 없도다."

하나님은 그분의 약속에 근거하여 드리는 담대한 기도를 기뻐하신다고 성경은 말한다.

예수님도 제자들에게 불가능도 가능한 것처럼 마음껏 기도하라고 말씀하셨다. "만일 너희에게 믿음이 겨자씨 한 알 만큼만 있어도 이 산을 명하여 여기서 저기로 옮겨지라 하면 옮겨질 것이요 또 너희가 못할 것이 없으리라" 마 17:20. 하나님에게는 어떤 어려움이든지 똑같은 크기를 갖고 있다.

제자는 기도로 씨름해야 한다

"그리스도 예수의 종인 너희에게서 온 에바브라가…항상 너희를 위하여 애써 기도하여" 골 4:12.

이러한 기도야말로 성숙한 제자가 해야 할 기도다. 에바브라는 바로 그런 성숙한 제자였다. 우리의 기도는 에바브라의 기도를 얼마나 닮아 있는가?

'애써' wrestle로 번역된 헬라어에서 '번민하다, 괴롭다'라는 뜻의 영어 단어 '*agonize*'가 파생되었다. 신약에서 이 단어는 녹초가 될 때까지 일하는 사람, 트랙에서 뛰는 운동선수, 피땀 흘려 노력하는 사람, 목숨 걸고 싸우는 군인 등에게 사용되었다. 예전에는 이런 식의 기도를 가리켜 '영혼의 투사鬪士'라고 불렀다.

제자는 끈질기게 기도해야 한다

예수님은 두 가지 비유를 말씀하시면서 참을성 있고 끈질긴 기도의 중요성을 역설하셨다. 예수님이 하셨던 비유는 게으른 친구와 파렴치한 재판장 이야기였다. 그 이야기에 등장하는 주인공들과는 반대로 하나님은 게으르거나 이기적이거나 소신 없는 분이 아님을 알려 주고 싶으셨던 것이다.

게으른 친구. 누가복음 *11장 5-8절*에는 갑작스럽게 찾아온 손님에게 대접할 음식이 하나도 없는, 난감한 처지에 놓인 한 사람의 이야기가 나온다. 그는 얼른 자신의 친구집으로 달려가 떡 세 덩이를 꾸어달라고 했다. 그런데 친구라는 사람은 문도 열어주지 않고 침대에 누운 채로 일어나기 귀찮아서 줄 수 없다고 대꾸했다. 그래도 단념하지 않고 끈덕지게 간청을 하자 게으른 친구는 할 수 없이 자리에서 일어나 친구가 원하는 빵을 주었다는 이야기다.

그 비유를 말씀하시면서 예수님은 귀찮아하는 친구의 이기심과 하나님 아버지의 너그러우심을 대조하셨다. 친구의 곤란한 사정보다 자기의 잠이 더 소중한 이기적인 사람이라도 친구의 끈덕진 간청에 못 이겨 요구하는 것을 들어주었다면 하나님 아버지는 자녀들의 끈질긴 간청을 얼마나 더 잘 들어주실 것인가? 눅 11:13

파렴치한 재판장. 두 번째 비유는 누가복음 *18장 1-8절*에 나온다. 어떤 과부가 억울한 일이 있어 소송을 하러 재판소에 갔다. 그런데 하필 재판장은 '하나님을 두려워하지 않고 사람을 무시하는' 사람이었다. 아무리 가서 억울함을 호소해도 재판장은 차갑게 퇴짜를 놓을 뿐이었다. 그렇지만 과부의 줄기찬 호소에 못 이겨 재판장은 결국 더 이상 자기를 귀찮게 하지 못하도록 과부의 사정을 들어주기로 했다.

집요하게 물고 늘어진 과부의 간청을 파렴치한 재판장마저 들어줄 수밖에 없었다면 억울함을 풀어달라는 자녀들의 간곡한 기도를 하나님은 얼마나 더 잘 들어주시겠는가? 파렴치한 재판장과는 너무나도 다른 우리의 자상한 재판장 하나님이 자녀들의 호소에 귀를 기울이시지 않겠는가?

두 가지 비유를 통해 예수님은 하나님 아버지의 성품과 마음을 대조하셨다. 하나님은 귀찮다는 이유만으로 과부의 억울함을 풀어준 불의한 재판장과 전혀 다른 분이다.

우리가 배워야 할 교훈은 '집요할 정도로 끈질긴 간청'이 얼마나 하나님의 마음을 움직이느냐는 것이다. 물론 그 반대도 성립한다. 소극적이고 열의 없는 기도는 하나님의 마음을 움직이지 못한다. 존 녹스John Knox는 하나님을 향해 이렇게 부르짖었다. "제게 스코틀랜드를 주시든지 아니면 저를 죽여 주옵소서." 우리가 원하는 것이 너무도 시시해서 간곡히 부탁하지 않아도 우리 힘으로 할 수 있는 것이라면, 또는 어떤 대가를 지불하더라도 반드시 가져야겠다는 집념이 없다면 하나님이 굳이 기도에 응답하실 필요가 무엇이 있겠는가?

미얀마 선교사였던 아도니람 저드슨Adoniram Judson은 이런 말을 했다. "끈질긴 간청이 없이는 크나큰 복을 내리지 않을 정도로 하나님은 끈질긴 간구를 좋아하신다. 하나님은 우리에게 엄청난 복을 주고 싶어 하시는 데 끈질긴 간구야말로 그런 복을 받기 위한 준비 과정이기 때문이다. 나는 한번도 진지하고 간절하게 기도를 해 본 적이 없는 사람이었지만 그런 기도를 드려야 할 때가 있었다. 전혀 예상치 못한, 그러나 피할 수 없이 찾아온 그 순간, 나는 절실하게 기도해야만 했다."

사람들은 당연히 이런 의문을 품게 된다. "하나님은 왜 우리가 끈질기고 집요하게 기도해야만 응답을 해 주시는 걸까? 그냥 쉽게 들어주시면 안 되나?"

왜 끈질긴 기도가 필요한 걸까? 어떤 좋은 선물도 아낌없이 우리에게 주고 싶다고 하나님은 분명히 말씀하셨다. 즉 하나님을 설득하고 회유해서 달라고 매달릴 이유가 없다는 것이다. 불의한 재판장 비유에서 "하물며 하나님께서…"라는 대목을 볼 때 그 사실이 더 확실해지지 않는가? 따라서 그 이유는 하나님이 아닌 다른 데에서 찾아보아야 한다.

끈질긴 기도를 해야 하는 이유는 하나님 때문이 아니라 바로 우리들 때문이다. 윌리엄 E. 비더울프William E. Biederwolf는 하나님의 훈련학교에서 기독교 문화를 가르치는 교관 중의 하나가 끈질김이라고 했다. 받는 사람이 준비가 되어 있지 않으면 하나님은 응답 시기를 늦추기도 하신다. 그때는 주 안에서 먼저 해야 할 다른 일이 있는 것이다.

응답받지 못하는 기도

성숙한 제자는 기도가 응답되지 않는다고 해서 등을 돌리지도, 숙명론적인 태도를 취하지도 않는다. 다만 자신의 기도가 어떻게 잘못되었는지를 살펴서 응답받지 못하는 이유를 찾아내려 애쓴다.

하나님은 우리가 기도할 때마다 전부 '오케이' 사인을 보내지 않으신다 비록 우리는 그러길 원하지만. 모세는 하나님께 약속의 땅에 들어가게 해 달라고 간절히 간구했다. 그러나 하나님은 안 된다고 말씀하셨다 신 34:4. 사도 바울은 육신의 가시를 없애 달라고 거듭 간구했지만 하나님은 안 된다고 대답하셨다 고후 12:7-9. 그들의 기도를 들어주지 않는 대신 그에 상응하는 은혜를 베풀어 주셨다. 하나님은 전능하고 완벽하게 지혜로우신 분이다. 기도할 때에는 하나님의 전능하심과 지혜로우심을 인정하고 신뢰하는 겸손과 믿음이 필요하다.

야고보는 기도가 응답되지 못하는 이유 한 가지를 이렇게 말했다. "구하여도 받지 못함은 정욕으로 쓰려고 잘못 구하기 때문이라"약 4:3. 자기중심적이고 이기적인 기도는 응답을 받기 힘들지만 하나님의 선하고 완벽한 뜻에 따라 하는 기도는 전부 응답을 받게 될 것이라고 성경은 말한다.

그동안 우리의 기도는 믿음의 기도라기보다 소망의 기도가 아니었나 싶다. 예수님은 "너희 믿음대로 되라"고 말씀하셨지 너희 소망대로 되라고 하시지 않았다마 9:29. 당신의 기도는 소망의 기도인가, 믿음의 기도인가?

혹시 하나님에 대한 믿음을 기도에 대한 믿음으로 대체하지는 않았는가? 성경 어디에도 기도를 믿으라고 하지 않았다. 오직 기도를 응답하시는 하나님을 믿으라고 했다. 이건 그냥 말장난이 아니다. 개중에는 이렇게 탄식하는 사람들이 있다. "내 기도는 힘이 없고 너무 약해!" "내 믿음이 너무 적어!" 예수님도 다음과 같은 말씀을 하실 때 우리의 반응이 그렇게 나올 것임을 예측하셨을 것이다. "진실로 너희에게 이르노니 만일 너희에게 믿음이 겨자씨 한 알 만큼만 있어도 이 산을 명하여 여기서 저기로 옮겨지라 하면 옮겨질 것이요 또 너희가 못할 것이 없으리라"마 17:20.

모래 한 알과 겨자씨 한 알은 육안으로 잘 구별이 되지 않는다. 하지만 두 개의 씨앗이 대표하는 세상은 분명히 다르다. 겨자씨에서는 생명이 움틀 수 있다. 믿음의 크기가 중요한 게 아니라 하나님을 진실로 믿는가 하는 점이 중요하다.

성숙한 제자는 기도의 응답이 늦어진다고 실망하지 않는다. 지체가 거절은 아니기 때문이다.

아직 응답이 없는가?
아니라고, 응답받지 못한다고 말하지 말라.
어쩌면 그대의 몫을 아직 완수하지 못해서일 것이다.
첫 기도를 올렸을 때 이미 역사는 시작되었다.
하나님이 시작하신 일은 그분이 끝내실 것이다.
부단히 기도의 향을 태우기만 한다면
언젠가, 어디에선가
그대가 원하는 것을 받게 될 것이다.
_ 오필리아 R. 브라우닝 Ophelia R. Browning

하나님이 응답하시는 때가 가장 완벽한 때다. 모든 상황과 가능성을 전부 고려하여 때를 정하시기 때문이다. 우리는 설익은 과일을 따고 싶어 하지만 하나님은 절대 성급하게 행동하지 않으신다.

그토록 지혜로우신 하나님이 기도의 응답을 지체하신다면 결과적으로 그것이 우리에게 유익이 되는 지체가 아니겠는가? 히 12:10 우리를 위해 더 나은 것이 있어서 응답을 지체하시던지 아니면 지체되는 시간을 이용하여 우리 삶 속에 무언가를 이루기 위해서 그렇게 하시는 것이다.

신앙이 성숙하고 하나님 아버지를 더 깊이 알아갈수록 그분의 사랑과 지혜를 신뢰하지 않을 수 없다. 비록 하나님이 하시는 일은 이해되지 않을지라도 그분의 사랑과 지혜는 신뢰하게 된다. 예수님이 "내가 하는 것을 네가 지금은 알지 못하나 이후에는 알리라"고 하신 말씀은 제자들에게 그 점을 미리 예고하신 것이다 요 13:7.

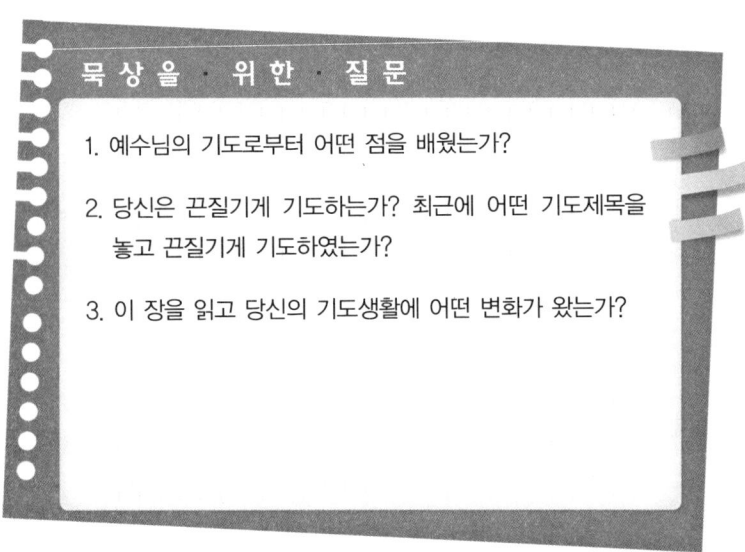

묵상을 · 위한 · 질문

1. 예수님의 기도로부터 어떤 점을 배웠는가?
2. 당신은 끈질기게 기도하는가? 최근에 어떤 기도제목을 놓고 끈질기게 기도하였는가?
3. 이 장을 읽고 당신의 기도생활에 어떤 변화가 왔는가?

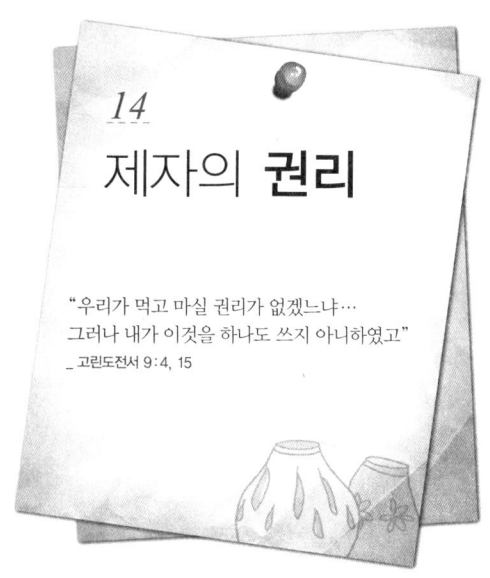

14
제자의 권리

"우리가 먹고 마실 권리가 없겠느냐…
그러나 내가 이것을 하나도 쓰지 아니하였고"
_ 고린도전서 9:4, 15

우리의 삶 속에 잘못된 것이 있다면 가차 없이 끊어야 한다는 데에는 아무런 이의가 없을 것이다. 그것은 우리의 삶을 병들게 하고 참다운 인생을 누리지 못하게 하기 때문이다. 아울러 하나님과 세상을 위해 좀 더 크게 사용될 수 있는 기회를 차단한다. 하지만 전혀 아무 문제가 없는 것까지 복음을 위해 포기하라고 한다면 다소 의외라는 반응이 나올 만하다.

언젠가 로랜드 V. 빙햄Rowland V. Bingham 총재가 설교하는 것을 들은 적이 있다. 수단내지선교회SIM를 설립한 빙햄 총재는 풍부한 선교경력을 바탕으로 상당히 감동적인 설교를 했었다. 60여 년 전에 들었지만 어제처럼 생생할 만큼 제자의 권리에 대해 많은 것을 배울 수 있었다.

고린도전서 9장에서 사도 바울은 무려 4회에 걸쳐 자신의 권리에 대해 언급했다. 복음을 전한다는 숭고한 차원에서 자신의 권리를 스스로 포기한다고 세 번이나 이야기했다. 그는 주님을 향한 사랑에서, 또한 복음을 전하려는 차원에서 어떤 특권도 포기하고 자신의 권리도 단념할 각오가 되어 있다고 말했다. 그의 말을 귀담아 들어보라. "우리가 이 권리를 쓰지 아니하고 범사에 참는 것은 그리스도의 복음에 아무 장애가 없게 하려 함이로다"고전 9:12.

오스왈드 챔버스Oswald Chambers 또한 제자들의 권리에 대해 명쾌한 견해를 내놓았다. "예수님을 위해 오로지 잘못된 것만 끊겠다고 한다면 주님에 대한 사랑을 말할 자격이 없다. 잘못된 것은 누구든 마땅히 끊어야 한다. 그러나 예수 그리스도를 위해 자신이 가진 최고의 것마저 포기할 각오가 되어 있는가? 그리스도인이 가진 유일한 권리는 자신의 권리를 포기할 권리다. 하나님을 위해 최고의 일꾼이 되고 싶다면 비정상적인 탐닉의 영역에서 승리를 거두어야 할 뿐 아니라 정상적인 욕구의 영역에서도 승리를 거두어야 한다."

아무리 좋은 일이라도 어떤 상황에서는 그 일이 도움이 되지 않을 수도 있다고 사도들은 이야기했다.

"모든 것이 내게 가하나 다 **유익한** 것이 아니요"고전 6:12상.
"모든 것이 가하나 모든 것이 **덕을 세우는** 것이 아니니"고전 10:23.

지극히 정상적인 일도 비정상적인 정도에 이르면 그 일에 노예가 될 수 있음을 사도 바울은 경험상 알고 있었다. 그렇기에 바울은 다시 한마디를 덧붙였다.

"모든 것이 내게 가하나 내가 무엇에든지 **얽매이지** 아니하리라" 고전 6:12하.

다시 말해서 제자는 아무리 옳은 일이라 해도 무엇이 자신의 우선권인지를 신중하게 결정할 필요가 있다는 이야기다. 그리스도인으로서 주님을 위해 큰일을 하고 싶은 사람은 자신에게 주어진 당연한 권리를 스스로 단념하고 포기해야 할 때가 반드시 오게 되어 있다.

그렇다고 그리스도인들만이 그런 포기를 하는 것은 아니다. 운동선수들이 좋은 기록을 내기 위해, 혹은 경기에서 승리하기 위해 어떤 희생을 감수하는지 생각해 보라.

무엇보다 그 방면에서 최고의 본보기가 되어 주신 분은 바로 우리의 주님이시다. 하나님의 아들 예수님은 '만유의 상속자'이셨고 우리가 꿈도 꿀 수 없는 모든 권리와 특권들을 누렸던 분이셨다. 그럼에도 불구하고 우리를 위해 그 모든 것은 과감히 포기하셨다. 주님이 인간이 되시기 위해 포기해야 했던 그 어마어마한 희생을 생각해 보라. "영원한 궁정을 포기하고 진흙의 몸을 입으시고 우리와 함께하셨네."

*17*세기 시인 허버트는 하나님의 아들이 '만유의 상속자'로서 누릴 수 있는 영광을 마다하고 권리를 포기한 장면을 다음과 같이 묘사했다.

나의 주 예수님이 하신 일을 그대는 들어보지 못했는가?
그렇다면 아주 희한한 이야기를 들려주겠다.

전능한 하나님이 영광과 위엄의 옷을 입으시고

빛이 되기로 결심하셨다.

그래서 어느 날

정말로 세상에 내려오셨다.

몸에 걸친 것을 벗으시면서

빛의 옷과 반지를 벗으시고

구름의 방패, 불의 창,

하늘의 망토를 벗으셨다.

그럼 무엇을 입을 것인가 물었을 때

그분은 웃으실 뿐이었다.

내려가면 그곳에서

새로운 옷을 만들게 하겠다고 하셨다.

_ 조지 허버트 George Herbert

이 세상에서 주님은 천국에서 편히 쉴 수 있는 권리를 포기하셨고 천국의 친교를 포기하셨고 심지어 생명마저 포기하셨다. 그분이 포기하지 않은 것은 하나님과 인간의 중재자로서 반드시 필요한 것뿐이었다. "나는 양을 위하여 목숨을 버리노라…이를 내게서 빼앗는 자가 있는 것이 아니라 내가 스스로 버리노라"고 예수님은 말씀하셨다 요 10:15, 18. 희생의 의미가 '가장 사랑하는 분에게 가장 좋은 것을 드리는 희열'이라고 한다면 더 높은 차원의 것을 얻기 위해 낮은 차원의 권리를 포기하는 것은 어쩌면 당연한 일이 아니겠는가?

한 남자가 차비를 내고 버스에 올라 빈 좌석에 앉았다. 그러면 어느 누구도 함부로 남자의 자리를 빼앗을 수 없다. 그런데 한 팔로 아기를 안고 다른 손에는 장바구니를 든 아주머니 한 분이 버스에 올라탔다. 버스는 만원이고 빈자리가 없었다. 그 남자는 자신의 자리에 계속 앉아 있을 권리가 있지만 아주머니에게 자리를 양보하는 더 나은 선택을 하기로 했다. 마찬가지로 복음을 전파하기 위해서는 어떤 경우 우리의 당연한 권리를 포기해야 할 수도 있는 것이다. 사도 바울의 말이 그런 뜻이었다.

바울은 자신이 말한 대로 실천한 사람이었다. "내가 모든 사람에게서 자유로우나 스스로 모든 사람에게 종이 된 것은 더 많은 사람을 얻고자 함이라"고전 9:19. 바울은 자신의 개인적 권리를 네 가지 영역으로 나누어 언급하면서4, 5, 6, 11절 자신은 그 권리들을 얼마든지 행사할 수 있지만 그 어느 것도 온전히 누리지 않았다고 말했다12, 15, 18절.

정상적인 식욕을 만족시킬 권리

"우리가 먹고 마실 권리가 없겠느냐"라고 바울은 반문했다고전 9:4. 앞장에서는 우상에게 바쳐진 제사음식을 먹는 것이 논란의 주제였기 때문에 어느 특정 음식을 먹을 자유가 자기에게도 있다고 바울은 말하고 있는 듯하다. 하지만 앞뒤 문맥상으로 볼 때 교회의 공급으로 먹고 마실 권리를 의미하는 것이 더 정확할 듯하다. 교회 사역자는 성도들의 신앙적인 면을 섬기는 사람이므로 물질적인 면에서 도움을 받아야 한다는 것이다.

바울의 질문은 단지 음식과 음료수에만 국한하는 것이 아니라 모든 정상적인 신체적 욕구를 의미한다고 본다. 그런 욕구는 하나님이 주신 것이고 거룩하지 않은 것이 아니다. 그 자체로는 정상적이지만 정도가 지나치면 죄가 될 가능성이 있다. 정상적이라는 이유 때문에 온전히 누려야 한다고 우길 이유도 없거니와 남용을 해서는 더욱 안 된다.

바울에게 복음을 전하는 기쁨은 먹고 마시는 즐거움보다 훨씬 더 중요했다. 복음을 전하는 데 필요하다면 그는 굶주리고 목마른 것도 마다하지 않았다. 다음의 간증을 들어보라. "나는 비천에 처할 줄도 알고 풍부에 처할 줄도 알아 모든 일 곧 배부름과 배고픔과 풍부와 궁핍에도 처할 줄 아는 일체의 비결을 배웠노라"빌 4:12.

당신도 바울과 같은 삶을 살고 있는가? 당신도 바울이 발견한 비결을 배웠는가?

선교사도 얼마든지 고국에 사는 그리스도인들처럼 맛있는 음식을 먹을 권리가 있다. 그러나 가난한 사람들에게 복음을 전해야 하는 경우에는 충분한 음식을 섭취하지 못할 수도 있다. 사람들의 영혼을 구원하고 제자로 키우는 것이 하나님께 영광을 돌리는 최우선이기 때문이다.

존 웨슬리는 사도 바울의 본을 따라 자신은 절대로 식욕의 노예가 되지 않겠다고 결심했다. 그리하여 *2*년간 오로지 감자만 먹으며 버티기도 했다. 그가 *89*세까지 장수했던 것을 보면 감자만 먹어서 건강을 해친 것 같지는 않다. 웨슬리는 금욕주의자는 아니었지만 식욕에 끌려 다니고 싶지 않았던 것이다. 특히 그리스도의 복음을 전하는 데 방해가 된다면 더더욱 절제해야 한다고 생각했다 고전 9:12.

정상적인 결혼생활을 누릴 권리

"우리가 다른 사도들과 주의 형제들과 게바와 같이 믿음의 자매 된 아내를 데리고 다닐 권리가 없겠느냐"고전 9:5. 이 말씀은 그동안 상당한 논란을 일으켰다.

바울은 결혼을 했는가? 사실 바울의 결혼여부를 단정지을 만한 근거는 희박하다. 그러나 바울이 결혼을 했을 것이라고 추정할 만한 단서는 있다. 스데반 집사가 순교당할 때 바울은 스데반을 죽이는 데 찬성표를 던졌다. 그 말은 그가 산헤드린공회의 회원이었다는 뜻인데 산헤드린공회는 기혼 남자에게만 회원자격이 주어졌다. 그렇다면 바울의 아내는 일찍 세상을 떠났거나 기독교로 전환한 이후에 남편과 헤어졌는지도 모른다. 어쨌든 바울이 결혼을 했느냐 아니냐의 여부를 떠나서 자신은 정상적인 가정생활을 누릴 권리가 있고 아내와 함께 다니며 사역할 권리가 있다고 그는 주장했다. 단지 바울은 "이 권리를 쓰지 아니하고"라고 덧붙였다 12절.

결혼한 사역자들 중에는 국내에서나 해외에서 하나님의 말씀을 전파하기 위해 단기, 혹은 장기로 배우자와 떨어져서 지내는 경우가 있다. 또한 개중에는 자신에게 주어진 사명을 감당하기 위해 일부러 결혼을 포기하고 독신으로 주님을 섬기는 사람들도 있다. 그런 값진 희생을 주님은 절대로 잊지 않으시고 그에 상응하는 보상을 해 주실 것이다.

이성관계에 있어서는 바울의 선택이 절대적으로 옳았다고 본다. 그에게는 하나님의 뜻을 행하는 것과 복음전파가 무엇보다 중요했다. 그는 자신의 최대 관심사를 이렇게 못 박았다. "더 많은 사람을 얻고자 함이라"고전 9:19. 그 이외의 것들은 전부 차후 문제에 지나지 않았다. 하나님의 뜻 안에서 이루어지는 이성교제는 참으로 바람직하다. 그러나 하나님의 뜻을 벗어난 이성교제는 비극이 될 수밖에 없다. 나는 주님께 순종하려는 시점에서 가정생활이나 이성관계가 중요한 변수로 떠오르는 것을 여러 차례 경험한 바 있다.

월리엄 캐리가 선교사로서의 사명과 비전을 아내에게 이야기했을 때 그의 아내는 따라 갈 마음이 없다고 딱 잘라 거절했다. 울면서 설득해 보았으나 아무 소용이 없었다. 마침내 그는 아내를 향해 "인도에 가더라도, 당신이 잘 지낼 수 있도록 알아봐 준 후에 나는 가겠소. 나는 하늘의 높으신 분의 부름을 받은 몸이오. 당신이 지낼 수 있는 곳을 알아본 후에 나는 떠나겠소"라고 말했다.

인도로 향하는 과정에서 배의 선장은 월리엄 캐리를 태우지 않으려 했고 캐리는 다른 배를 기다리는 처지가 되었다. 배를 기다리는 동안 캐리의 아내는 마음을 바꾸어 남편과 함께 선교지로 가기로 마음먹었다. 월리엄 캐리가 하나님의 뜻을 최우선으로 여겼을 때, 하나님은 그의 믿음과 헌신에 대해 응답하셨다.

결혼과 가정생활의 문제를 온전히 하나님의 손에 맡기는 것이 최선의 방법임은 두말할 나위가 없다. 아직 미혼인 선교사들은 이 점을 명심해야 하고 주위에서도 올바른 이해와 시각으로 이들을 바라봐야 한다. 어떤 사람들은 독신으로 사는 것이 하나님의 뜻이다. 그런 사람들이 스스로 배우자를 찾겠다고 나서면 오히려 불행만 자초한다.

다른 것도 마찬가지이지만 이성과 결혼 문제에 있어서도 하나님의 뜻을 받아들이는 것이 진정한 평강을 찾는 길이다. 결혼의 권리를 포기한 사람을 하나님은 절대로 꾸중하지 않으실 것이다.

정상적인 휴가와 여가를 누릴 권리

"어찌 나와 바나바만 일하지 아니할 권리가 없겠느냐"고전 9:6. 이 질문은 바울과 바나바도 다른 사도들처럼 일을 하지 않고 교회의 후원을 받아서 생활할 권리가 있음을 이야기한 것이다. 바울은 그러한 권리도 스스로 포기했다. "다른 이들도 너희에게 이런 권리를 가졌거든 하물며 우리일까 보냐?" 그러면서 다음과 같이 덧붙였다. "그러나 우리가 이 권리를 쓰지 아니하고"고전 9:12.

바울이 교회의 후원을 거절한 데에는 그럴만한 이유가 있었다. 제사장 직위를 남용하여 자신의 사리사욕을 채우는 탐욕스런 제사장들과 동일하게 취급되고 싶지 않았기 때문이었다. 아울러 스스로의 독립성을 유지하고 싶은 마음 때문이기도 했다. 금전적인 관계가 없으면 훨씬 자유롭게 사도로서의 권위를 행사할 수 있어서다. 아무래도 돈을 주는

쪽 입김이 세어지기 마련이다. 후원금을 받지 않는다면 교회의 정책적인 면에서 바울에게 압력을 가하는 일도 없을 것이고 바울의 뜻에 따라 교인들을 훈련하기도 수월해진다.

우리는 이 문제를 선교사들의 휴식과 여가선용을 비롯해 안식년 문제까지 폭넓게 확대하여 적용해 볼 수 있다. 구약에 보면 하나님은 다양한 기념일과 종교축제를 통해 정기적으로 이스라엘 백성들이 쉬고 여가선용을 할 수 있도록 하셨다. 그러한 시간은 육신적으로는 물론이고 신앙적으로도 회복되고 새로워지는 계기가 되었다.

제자들도 휴식을 취하고 취미생활이나 여가선용을 즐겨야 한다. 다만 그런 시간들을 정말로 유용하게 보내기 위해서는 다음의 질문을 해 보아야 한다. "이 시간이 나를 더 건강하고 나은 사역자로 만들어 주고 더 효과적으로 선교할 수 있도록 보탬이 될 것인가?"

나 자신을 포함해 기독교 사역자들 중에는 적절한 휴식을 취하지 않아서 호된 대가를 치르는 사람들이 많다. 스코틀랜드의 젊은 목회자 로버트 머리 맥체인Robert Murray McCheyne도 그 중의 한 명이었다. 그는 계속되는 고된 사역에 완전히 탈진하여 스물아홉이라는 젊은 나이에 눈을 감고 말았다. 세상을 떠나기 전, 그는 옆에 있는 친구를 향해 "주님은 내게 전할 말씀과 타고 다닐 말을 주셨네. 아! 그런데 내가 그 말을 죽였으니 어떻게 말씀을 전하겠는가!"라고 한탄했다.

그러나 이 한 가지는 명심해야 한다. 국내에서든 해외에서든 사역을 하다 보면 복음을 전하고 영혼의 추수를 위해 휴가와 휴식을 전혀 취할 수 없는 때가 있다. 그럴 경우 제자는 잃어버린 영혼을 위해 휴가의 권리를 포기해야 한다.

정당한 보수를 받을 권리

"우리가 너희에게 신령한 것을 뿌렸은즉 너희의 육적인 것을 거두기로 과하다 하겠느냐 다른 이들도 너희에게 이런 권리를 가졌거든 하물며 우리일까보냐 그러나 우리가 이 권리를 쓰지 아니하고"고전 9:11-12.

사도 바울은 자신의 주장을 뒷받침하기 위해 곡식을 거둔 농부는 그 곡식을 차지할 권한이 있고 포도주를 짜는 사람도 포도주를 소유할 수 있다는 평범한 진리를 예로 들었다. 다시 말해서 전도자가 삯을 받는 것이 하나도 잘못되지 않았다는 말이다. 심지어 곡식 타작을 거드는 소의 입에는 재갈을 물리지도 않는다. "이와 같이 주께서도 복음 전하는 자들이 복음으로 말미암아 살리라 명하셨느니라"14절.

바울은 사역기간 동안 금전적인 문제에 있어서 대단히 신중을 기했다. 어떤 상황이든 금전적인 문제가 자신의 행동이나 결정에 영향을 미치지 못하도록 했다. 우리의 진정한 부요함은 인격에서 우러나오는 부요함이다. 그러한 부요함은 영원히 우리와 함께할 것이다. 금전적 문제에 있어 바울은 언제나 '깨끗' 했다. 모든 기독교 사역자가 그처럼 깨끗하면 더할 나위 없이 좋겠으나 실제로는 그렇지 못해 문제가 생기는 경우도 있다. 그는 금전적 영역에서 승리를 거두었고 더 많은 영혼을 주님께 인도하기 위해 마땅히 받을 수 있는 교회 후원도 마다했다12절.

돈이 많든 적든 상관없이 돈에 대해 어떤 태도를 취하는가가 중요한 문제다. 부자건 가난하건 그 자체로는 선악을 따질 수 없다. 다만 우리가 돈에 대해 갖고 있는 태도와 가치관이 진정한 영성의 척도가 되는 것이다. 물질만능주의가 판치는 세상에서 깨끗하게 살아가기는 결코 쉬운 일이 아니다.

그 사람이 돈에 대해 어떤 생각과 가치관을 갖고 있는지를 보면 그 사람의 인격이 어떤지를 대충 짐작할 수 있다. 많은 기독교 사역자들이 재정적인 부분에 걸려 넘어졌기에 제대로 주님을 섬기지 못했다. 바울은 그러한 덫에 걸리지 않았다.

권리 포기의 동기

지금까지 네 가지 민감한 영역에서 자신에게 주어진 당연한 권리를 스스로 포기하는 것에 대해 이야기했다. 보통의 마음가짐과 동기만을 갖고서는 그렇게 하기가 힘들다. 어떤 이들은 희생이 너무 크다는 생각에 가던 발걸음을 돌리고 만다. 바울은 그 자신이 본보기를 보였을 뿐 아니라 어떻게 하면 기쁨으로 희생을 감수할 수 있는지에 대해서도 이야기했다.

먼저 희생을 감수해야 하는 긍정적인 이유들은 다음과 같다. "그런즉 내 상이 무엇이냐 내가 복음을 전할 때에 값없이 전하고 복음으로 말미암아 내게 있는 권리를 다 쓰지 아니하는 이것이로다" 고전 9:18.

"내가 여러 사람에게 여러 모습이 된 것은 아무쪼록 몇 사람이라도 구원하고자 함이니"22절. "내가 복음을 위하여 모든 것을 행함은 복음에 참여하고자 함이라"23절. "그들은 썩을 승리자의 관을 얻고자 하되 우리는 썩지 아니할 것을 얻고자 하노라"25절.

바울은 긍정적인 이유를 열거한 후에 다소 강한 어조로 부정적인 이유들을 들고 있다. "우리가 이 권리를 쓰지 아니하고 범사에 참는 것은 그리스도의 복음에 아무 장애가 없게 하려 함이로다"12절. "내가 이것을 하나도 쓰지 아니하였고…내가 차라리 죽을지언정 누구든지 내 자랑하는 것을 헛된 데로 돌리지 못하게 하리라"15절. "내가 내 몸을 쳐 복종하게 함은 내가 남에게 전파한 후에 자신이 도리어 버림을 당할까 두려워함이로다"27절.

예수 그리스도를 위해 물불을 가리지 않는 제자, 제자가 치러야 할 희생이라면 어떤 값진 희생도 복음을 위해 치르겠다는 열정에 가득 찬 제자라면 위의 말씀들이야말로 강력한 동기부여가 아닐 수 없다. 기독교 선교 역사를 둘러보면 사도 바울 못지않게 자신의 권리를 포기하고 막대한 희생을 감수했던 선교사들이 많이 있다. 자, 이제 누가 그들의 발자취를 따를 것인가?

묵 상 을 · 위 한 · 질 문

1. 오스왈드 챔버스의 말을 당신 자신에게 적용해 보라. 당신은 그의 말대로 살고 있는가, 아니면 그렇지 못한가?

2. 이 장에서 말하고 있는 네 가지 영역(식욕, 결혼, 휴식, 보수)에서 당신에게 가장 문제가 있다고 보는 영역은 무엇인가? 왜 그런가?

3. 사도 바울이 말한 희생의 동기는 당신이 현재 갖고 있는 동기와 어떻게 다른가?

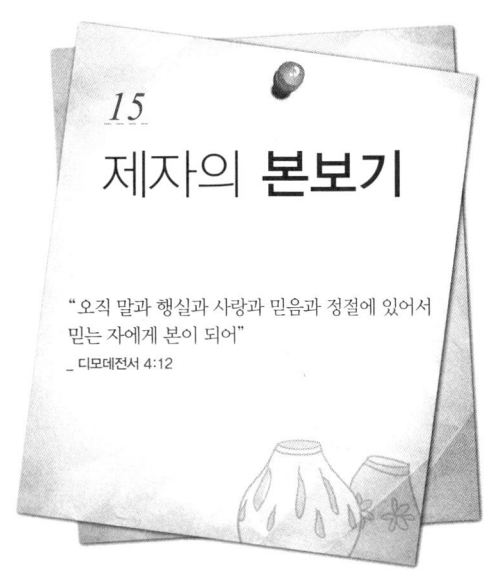

15
제자의 본보기

"오직 말과 행실과 사랑과 믿음과 정절에 있어서 믿는 자에게 본이 되어"
_ 디모데전서 4:12

사도 바울은 자신의 애제자가 예수 그리스도의 훌륭한 일꾼이 되기를 간절히 바랐다. 그래서 두 개의 서신을 디모데에게 보내며 자신이 에베소 교회에서 했던 사역의 관점에서 디모데에게 힘을 주고 싶어 했다. 바울이 편지를 보냈던 초대교회 중에서 에베소 교회는 가장 신앙이 성숙한 교회였다. 사도 바울을 포함해 재능과 은사에서 기라성 같은 교인들이 에베소 교회에 모여 있었다.

그렇기 때문에 디모데는 비교적 나이가 어린 목회자라는 점과 경험이 부족하다는 점이 마음에 걸렸을 것이고 목회에 대한 부담이 더욱 무겁게 느껴졌을 것이다. 나이 많고 경험이 풍부한 바울은 그런 디모데를 향해 애정 어린 조언과 격려를 아끼지 않았다. 그가 갖고 있는 지도력을 계발시키고 전략적인 사역을 위해 그를 준비시키려 노력했다. 바울의 충고는 당시도 그랬지만 지금의 우리들도 새겨들을 필요가 있다.

본보기가 필요하다

"범사에 네 자신이 선한 일의 본을 보이며"딛 2:7.

사회가 타락하고 가정이 무너져 내리는 요즘 같은 시대에는 특히 젊은 사람들이 우러러보며 본보기를 삼을 만한 인물이 없어 혼란을 겪으며 방황한다. 한부모 밑에서 자라거나, 문란한 성생활과 무절제와 폭력을 조장하는 사회 속에서 그들은 자라난다. 그렇기 때문에 젊은이들은 본보기로 삼을 만한 매력적인 존재를 무의식적으로 찾게 된다.

최근에 나는 친구 한 명과 대화를 나누다가 깜짝 놀란 적이 있다. 그녀는 내게 "40년 전 헤이즐이 너의 사무실에 찾아왔던 때를 기억하니?"라고 물었다.

내가 기억한다고 대답하자 친구는 이렇게 말했다. "헤이즐이 고아라는 사실은 알고 있었어? 그 애는 부모가 누구인지도 모르고 사랑을 받아본 적도 없는 아이였어. 부부가 서로 아끼고 사랑하는 모습을 한번도 보지 못하며 자랐지. 그래서 헤이즐이 너의 사무실에 갔을 때 부부간에 정말로 그런 사랑이 존재하는지 알고 싶어서 너희 부부를 유심히 지켜보고 있었다고."

물론 나는 헤이즐이 자란 배경에 대해 알고 있었다. 그러나 우리 부부가 헤이즐을 만나 이야기하는 동안 부부의 본보기를 갈망하던 아가씨가 현미경 같은 눈으로 우리 부부를 탐색했다는 것은 금시초문이었다. 행여 우리가 헤이즐을 실망시킨 게 아닐까 생각하니 갑자기 눈앞이 아찔해졌다.

예수 그리스도를 알고 싶어 하는 사람들에게 우리가 그분의 성품을 보여 주는 매개체가 될 수 있다는 사실은 얼마나 흥분되는 일인가!

제자는 본이 되는 삶을 살아감으로써 사람들에게 예수님이 얼마나 좋은 분인지를 보여 줄 수 있다. 디도에게 보내는 편지에서 바울은 주인을 잘 섬겨 기쁘게 하도록 노예들에게 가르치라고 말했다. "이는 범사에 우리 구주 하나님의 교훈을 빛나게 하려 함이라"딛 2:10. 우리의 삶이 예수님의 가르침을 설득력 있게 만드는 것은 분명한 사실이다. 사람들은 들을 만한 가치가 있는 말씀을 들을 뿐 아니라 본받을 가치가 있는 삶을 본받는다.

디도서 *2*장 *10*절 말씀 중에 나오는 '빛나게'라는 단어를 킹제임스 번역서에서는 '*adorn*' '꾸미다', '매력적으로 하다'는 뜻-역주이라는 영어단어를 사용했다. '*adorn*'이라는 단어는 보석상이 구매자들의 눈길을 끌기 위해 최대한 아름답고 화려하게 보석을 진열하는 데 사용되는 단어다. 바로 이것이 우리가 가진 특권이다.

제자의 사생활이 올바르지 못하면 공적인 사역의 효과를 반감시킨다. 나는 어떤 모임에 초대되어 설교한 적이 있었는데 그 모임에는 어느 지역교회의 유명한 부교역자 한 명이 참석해 있었다. 설교를 마쳤을 때 그 부교역자가 할 말이 있다며 양해를 구한 후 사람들 앞에서 이렇게 말하는 것이었다.

"오늘 저녁 설교를 들으면서 하나님이 제 양심을 일깨워 주셨습니다. 여기에 계신 분들 대부분이 저를 잘 아시는 분들이기에 한 가지를 고백하고 싶습니다. 저는 사람들 앞에서는 언제나 쾌활하고 즐겁게 사는 듯이 행동하지만 사실 집에 가면 완전 딴판입니다. 밖에서는 천사지만 집에서는 악마입니다. 성격이 불같고 화를 잘 내서 집사람과 아이들을 무척이나 힘들게 했습니다. 저는 이번에 하나님께 용서를 구했고 사람들 앞에서 하는 것처럼 집에서도 동일하게 행동하게 해 달라고 기도했습니다." 사생활이 공적인 사역의 효과를 반감시킨 사례였다.

디모데에게 보낸 첫 번째 서신에서 특히 4장의 6-16절에서 바울은 시대를 초월한 값진 교훈을 청년들에게 해 주었다. 평신도 사역자든 목회자든, 제자라면 누구나 그 말씀으로부터 귀한 교훈을 배울 것이다. "네가 이것으로 형제를 깨우치면 그리스도 예수의 좋은 일꾼이 되어 믿음의 말씀과 네가 따르는 좋은 교훈으로 양육을 받으리라"딤전 4:6. 그럼, 이 말씀에서 몇 가지 배워야 할 점을 이야기해 보겠다.

경건해지도록 스스로를 연단하라

경건의 삶은 저절로 이루어지지 않는다. 경건한 사람이 되는 길은 우리의 손에 달려 있고, 바울이 말했듯이 경건한 사람이 되도록 스스로를 연단하고 훈련해야 한다. 앞에서도 언급했지만 '연단', 혹은 훈련을 뜻하는 '*train*'이라는 단어에서 체육관을 뜻하는 '*gymnasium*'이라는 영어 단어가 파생했다. '신체와 정신을 단련한다'는 개념을 가진 단어다. *J. B.* 필립스J. B. Phillips는 디모데전서 *4*장 *7*절은 다음과 같이 번역했다. "시간을 들여서 네 자신이 영적으로 건강하도록 부단히 노력하라." 운동선수가 올림픽에서 금메달을 따기 위해 부단히 노력하듯이 우리도 영적 성숙을 위해 끊임없이 노력해야 한다는 뜻이다.

훈련은 정기적인 고된 수고를 말한다. 그러려면 시간을 들여야 하고 열심히 노력해야 한다. 우리가 해야 할 일은 바로 시간을 들이고 노력하는 일이다. 무엇보다 일관성 있게 경건의 시간을 갖는 것이 중요하다.

젊다고 업신여기지 못하게 하라

"그대가 젊다는 이유로 아무도 그대를 업신여기지 못하게 하고 말과 행동과 사랑과 믿음과 순결로 믿는 사람들에게 모범을 보이시오"딤전 4:12, 현대인의 성경.

지도자가 젊다는 사실을 절대 불리한 일로 여기지 말라고 바울은 디모데에게 말했다. 세월이 가면 젊음은 지나간다. 다만 젊음을 보상해줄 만한 성숙한 삶을 살고 교인들의 본이 되라는 이야기다.

구체적으로 바울은 다섯 가지 영역에서 조심하라고 디모데에게 충고했다. 젊은 사람들에게 특히 취약한 부분이라고 할 수 있는 언어, 생활습관, 이성관계, 성실함, 순결이 그 다섯 가지 영역이다.

디모데가 아주 어린 청년은 아니었지만 에베소 교회의 장로들은 대부분 그보다 나이가 많았다. 하지만 디모데는 하나님의 사명을 받아 에베소 교회를 섬기는 사람이었기에 그를 애송이라고 업신여기게 해서는 안 되었다. 말씀 속에 나오는 동사의 시제가 그 의미를 더 확실히 해 준다. "그대가 젊다는 이유로 아무도 그대를 업신여기지 못하게 하고."

회중 앞에서 성경 읽는 일에 전념하라

"읽는 것과 권하는 것과 가르치는 것에 전념하라"딤전 4:13.

디모데는 말씀 사역에 있어 특히 세 가지에 전념하라는 충고를 받았다. 첫 번째로는 교회 회중 앞에서 성경을 읽는 것이다. 이러한 성경읽기를 통해 사람들은 하나님의 음성을 듣게 된다. 안타깝게도 바울의 이 충고는 그다지 충실하게 지켜지지 않고 있다. 전통 교회에서는 예배 중에 성경 몇 군데를 회중 앞에서 읽는 의식이 있는데 대부분의 교회들에서는 그런 모습을 좀처럼 볼 수가 없다.

두 번째는 권하는 것, 즉 설교였다. 성경읽기에 이어 바울은 설교에 전념하기를 권면했다. 설교가 효력을 발휘하려면 진리를 듣고 실천해야 한다. 진리를 듣기만 하고 실천하지 않으면 오히려 신앙에 독이 된다. 설교에는 충고, 격려, 실패에 대한 경고 등이 포함된다. 요즘에는 대화, 토론, 상담을 선호하는 경향이 있어 설교의 가치가 다소 깎인 느낌이다. 그러나 바울의 권면은 확고했다. "하나님의 말씀을 전하라."

세 번째는 가르침이다. 즉, 신앙의 중심 진리를 체계적으로 가르치는 것을 말한다. 이단이 넘쳐나는 상황에서 "올바른 신학은 오류에 대한 가장 좋은 해독제다."

은사를 가볍게 여기지 말라

"네 속에 있는 은사 곧 장로의 회에서 안수 받을 때에 예언을 통하여 받은 것을 가볍게 여기지 말며"딤전 4:14.

디모데가 사역에 적합한 사람이 되도록 성령은 그에게 내적인 은사를 내려주셨다. 다만 그 은사가 무엇인지는 구체적으로 언급되어 있지 않다. '가볍게 여기다'라는 동사의 시제를 보면 은사를 "가볍게 여기는 일을 그만두라" 혹은 은사에 "무관심해지지 마라"는 뜻으로 풀이할 수 있다. 마치 자신 없어 하는 디모데에게 자신감을 불어넣어 주고 있는 듯하다.

영적 은사는 예언을 통해 주어지는 게 아니라 예언과 함께 주어진다는 점에 유의할 필요가 있다. 손을 얹고 은사를 위해 기도하는 것은 상징적인 행동일 뿐 그 자체가 효과를 발휘하는 게 아니다. 은사는 다른 사람을 이롭게 하기 위해 주어진 것이므로 디모데는 계속해서 은사를 사용해야 한다. 그래야 은사들이 더욱 더 계발될 수 있다15절.

사역에 전심전력하라

"이 모든 일에 전심전력하여 너의 성숙함을 모든 사람에게 나타나게 하라"딤전 4:15.

디모데는 사역에 전심전력해야 한다고 충고했다. *A. T.* 로버트슨A. T. Robertson은 말하길 '전심전력'이라는 단어가 요즘 말로 하면 '정신없이 일하다'라는 뜻이라고 했다. 하기 싫어서 억지로 하는 게 아니다.

그럼 디모데는 어떤 목적을 바라보며 열심히 일해야 하는가? "너의 성숙함을 모든 사람에게 나타나게 하라." 그가 더욱 성숙하고 주님을 닮은 사람이 되어 가고 있다는 것이 교인들은 물론이고 외부 사람들에게도 명백히 보여야 한다는 말이다. 우리도 스스로를 돌아보며 이렇게 자문할 필요가 있다. "가족을 비롯해 함께 일하는 사람과 사역하는 사람들이 뚜렷이 알아챌 정도로 나는 영적으로 성숙하고 있는가?" 아니면 "나는 영적으로 정체상태에 있는가?"

제자는 두 가지 위험에 빠질 수 있음을 유의해야 한다. 한 가지는 영적 유아기가 지나치게 길어지는 것이다. 은사는 많았지만 영적으로 미성숙했던 고린도 교회를 향해 사도 바울은 그 점을 지적했다. "형제들아 내가 신령한 자들을 대함과 같이 너희에게 말할 수 없어서 육신에 속한 자 곧 그리스도 안에서 어린 아이들을 대함과 같이 하노라 내가 너희를 젖으로 먹이고 밥으로 아니하였노니 이는 너희가 감당하지 못하였음이거니와 지금도 못하리라"고전 3:1-2.

또 하나의 위험은 영적 노쇠이다. 히브리서 기자는 히브리 그리스도인들이 영적으로 노쇠한 상태라며 그들의 쇠퇴를 염려했다. "때가 오래 되었으므로 너희가 마땅히 선생이 되었을 터인데 너희가 다시 하나님의 말씀의 초보에 대하여 누구에게서 가르침을 받아야 할 처지이니 단단한 음식은 못 먹고 젖이나 먹어야 할 자가 되었도다 이는 젖을 먹는 자마다 어린아이니 의의 말씀을 경험하지 못한 자요 단단한 음식은 장성한 자의 것이니 그들은 지각을 사용함으로 연단을 받아 선악을 분별하는 자들이니라"히 5:12-14.

디모데는 그 두 가지 위험에 주의하고 지속적이고도 눈에 보이는 영적 성숙을 이루어야 한다고 바울은 강조했다 히 6:1-2.

지속적인 영적 성숙이 나타나게 하라

"너의 성숙함을 모든 사람에게 나타나게 하라"딤전 4:15하.

이 말씀을 토대로 영적 성숙의 정도를 측정하는 것이 상당한 유익이 된다는 게 나의 경험으로 증명이 되었다. 영적 성숙도를 측정하는 가장 좋은 잣대의 하나는 바울이 갈라디아서 5장 22, 23절에서 묘사한 성령의 열매다. "오직 성령의 열매는 사랑과 희락과 화평과 오래 참음과 자비와 양선과 충성과 온유와 절제니."

이처럼 아름다운 열매들은 우리 주님의 생애 속에서 풍성하게 맛볼 수 있다. 성령의 열매만큼 영성을 재는 효과적인 잣대는 없다. 자, 스스로에게 이렇게 자문해 보자. "나는 3개월 전보다 더 사람들을 사랑하는 사람이 되었는가?" "언행이 눈에 띄게 좋아졌는가?" "누가 그것을 확인해 주었는가?" 아홉 가지 성령의 열매는 포도송이처럼 하나의 포괄적인 개념으로 이해해야 한다. 사랑은 아홉 가지 열매를 모두 포함하는 성품이다. 그 뒤에 나오는 여덟 가지 성품은 사랑의 또 다른 표현일 뿐이다. 즉 사랑이 다른 성품을 가능하게 하는 원동력인 셈이다.

자, 성령의 열매를 구체적으로 살펴보자.

처음 세 가지 열매는 하나님과의 관계에 초점이 맞추어져 있다.

사랑. 사랑에는 이기심이 들어설 자리가 없다. 여기에서 말하는 사랑은 단순히 통속적인 사랑을 말하는 게 아니라 인생의 비이기적인 면을 의미한다. 즉 성령으로 인해 우리 마음에 부어주신 하나님의 사랑을 말하는 것이다롬 5:5. 성령은 하나님의 사랑이 어떤지를 알게 하고 하나님과 사람을 사랑할 수 있는 성품으로 변화시켜 주신다. 사랑이 메마르고 각박한 세상에서도 이러한 사랑은 꽃필 수 있다.

사람들은 나의 사랑이 성숙해지는 것을 알아채고 있는가?

희락. 사랑에는 슬픔이 없다. 기쁨은 사랑하는 마음에서 자연스럽게 흘러나온다. 사랑하는 사람들은 기쁨에 차 있다. 기쁨은 단지 쾌활하고 즐거운 마음상태를 의미하지 않는다. 세상에서 말하는 "행복, 좋은 시간을 보냄"의 기독교식 버전도 아니다. 성경에서 말하는 기쁨은 그런 상태를 초월한다. 그 이유는 외부적인 요소에 의존하는 기쁨이 아니기 때문이다. 기독교에서 말하는 기쁨은 상황이나 외부 환경과 무관할 뿐만 아니라 심지어 슬픔과 공존할 수도 있다. 사도 바울은 슬픔 속에서도 항상 기뻐했던 사람이었다. 마음속에 하나님의 사랑으로 충만한 사람은 성령 안에서 기쁨으로 충만한 사람이다.

사람들은 나를 기쁨에 찬 사람이라고 생각하는가?

화평. 사랑에는 불안이나 두려움이 없다. 내적인 평안과 고요함이 있을 뿐이다. 내일의 걱정을 미리 하지 않는다. 평강은 고요함 속에 하는 사랑이다. 문제가 없는 편안한 상태를 의미하지 않는다. 주님은 제자들에게 기쁨과 함께 평강을 유산으로 남겨 주셨다. "이것을 너희에게 이르는 것은 너희로 내 안에서 평안을 누리게 하려 함이라"요 16:33. 성령을 근심하게 하지만 않는다면 평화의 비둘기는 언제나 우리 마음에 빛을 비춰 줄 것이다.

걱정과 근심을 잠재우는 능력이 점차 향상되고 있는가?

다음의 세 가지 미덕은 대인관계와 관련이 깊다.

오래 참음. 사랑에는 성급함이나 초조함이 없다. 사도 바울은 '사랑은 오래 참는다'고 말했다. 인내심은 하나님이 갖고 계신 특출한 성품

중의 하나이며 우리가 가장 덕을 많이 보는 성품이기도 하다. 인내는 무엇을 하는가보다 무엇을 자제하는가와 깊은 연관이 있다. "사랑의 힘은 인내의 양으로 측정된다." 인내라는 아름다운 미덕을 갖추게 되면 아무리 힘들고 지친 상황에서도 다른 사람의 결점과 실수, 다른 점과 거슬리는 점도 포용할 수 있게 된다.

나는 3개월 전보다 더 참을성 있는 사람이 되었는가?

자비. 사랑에는 무자비함이 없다. 사랑은 온유하고 친절하기 때문이다. 하나님이 우리를 그렇게 대하신다 엡 2:7. 자비한 사람은 다른 사람의 감정과 기분에 민감하고 언제든 누구에게나 선행을 베풀 기회를 찾는다. 자신에게 해를 끼친 사람이라도 마찬가지다. 자비와 친절은 가혹하고 냉정한 말과 행동도 부드럽게 녹여 준다.

나는 점점 더 자비로운 사람이 되어 가고 있는가?

양선. 사랑에는 악행이 없다. 현대 사회에서 양선은 무시되는 경향이 있다. 선행을 베푼다고 뉴스에서 요란스레 떠드는 일은 그리 흔하지 않다. 심지어 어떤 경우에는 비난과 조롱의 대상이 된다. 요즘에는 '성인군자'라는 말이 욕으로 사용되는 세상이다. "하나님이 나사렛 예수에게 성령과 능력을 기름 붓듯 하셨으매" 행 10:38. 예수님이 성령의 능력을 받으심으로 나타난 결과는 황홀경의 체험이나, 입이 쩍 벌어지는 기적이나, 감탄어린 설교가 아니라 '선한 일'을 행하시는 것이었다. 양선은 적극적인 선행을 말한다.

나는 날이 갈수록 좋은 사람이 되고 있는가?

충성. 사랑에는 변덕이 없다. 충성이란 믿음직하고, 신용 있고, 신뢰할 만하다는 뜻이며 매우 높이 평가되는 성품이다. 마지막 날에 우리 주님은 충성스럽게 일한 사람들을 향해 "잘했다, 착하고 충성된 종아"라고 말씀하실 것이다. 충성은 절대로 포기하거나 단념하지 않는 한결같음을 의미하는 말이다.

나는 더욱 더 신뢰할 만한 사람으로 인정받고 있는가?

온유. 사랑에는 복수가 없다. 온유함이란 그저 부드럽고 온화하다는 의미가 아니다. 세상 사람들은 온유함을 대단하게 여기거나 부러운 성격으로 생각하지 않지만 우리 주님은 이렇게 말씀하셨다. "나는 마음이 온유하고 겸손하니"마 11:29. 온유는 자기주장의 반대말이다. 온유한 사람은 자신의 권리나 특권을 주장하기 위해 싸우지 않는다. 원칙을 지키기 위해서나 하나님 나라에 해를 줄 만한 일이라면 싸우겠지만 이기적인 목적으로는 절대로 싸우지 않는다. 예수님은 과격한 사람이 아니라 온유한 사람이 땅을 유업으로 받을 것이라고 말씀하셨다마 5:5.

나는 갈수록 온유한 사람이 되고 있는가?

절제. 사랑에는 방종이 없다. 세이어-그림 Thayer-Grimm 사전은 절제를 "식욕과 욕구, 특히 세속적인 욕구를 조절하는 능력"이라고 정의했다. 사도 바울은 제자들의 절제가 어떠해야 함을 설명하기 위해 올림픽 경기에 출전하는 운동선수들의 훈련 모습을 예로 들었다. 절제는 자기 의지에 의한 자제력이 아니라 성령에 의한 자제력이다. 우리가 흔쾌히 성령의 권위 안에 들어간다면 식욕이나 세속적 욕구를 성령께서 다스려 주실 것이다.

사람들은 내가 더욱 절제하고 자제력이 좋은 사람으로 보는가?

꾸준히 계속하라

인내. 마지막으로 사도 바울은 인내할 것을 권고했다. "경건에 이르도록 네 자신을 연단하라"딤전 4:7. 연단을 통해 "네 자신과 네게 듣는 자"를 구원할 것이라고 바울은 말했다 16절. "이 악한 세대"갈 1:4에서 구원받도록 돕는다는 의미다.

제자가 지속적으로 경건에 이르도록 하는 힘은 무엇일까? 성령의 특성을 살펴보면 그 해답을 찾을 수 있다고 바울은 이야기한다. 성령은 우리가 주님의 뜻에 따라 살아갈 때 성령의 열매가 맺히도록 해 주신다. 고린도전서 *12장 3절*에서 바울은 "성령으로 아니하고는 누구든지 예수를 주시라 할 수 없느니라"고 말했다. 우리가 지속적으로 주님을 닮아가기 위해서는 언제나 성령에 충만해져야 한다. 그래야만 성령의 열매가 우리 삶에 맺힐 수 있다.

묵상을 · 위한 · 질문

1. 부정적인 예와 긍정적인 예의 다른 점은 무엇인가?

2. 당신은 누군가에게 사도 바울과 같은 사람이나 디모데 같은 사람이 되어 본 적이 있는가?

3. 194-198쪽을 읽은 후 각각의 성령의 열매에 나오는 질문들에 대답해 보라.

16
제자의 외로움

"나를 혼자 둘 때가 오나니 벌써 왔도다
그러나 내가 혼자 있는 것이 아니라
아버지께서 나와 함께 계시느니라"
_ 요한복음 16:32

사람이 살다보면 어느 정도의 외로움을 느끼는 것은 지극히 정상적이고 당연한 일이다. 인간이기에 어쩔 수 없는 일이기도 하다. 외로움은 남녀노소와 지위고하를 막론하고 누구에게나 찾아오고 무자비하게 침략한다. 그리스도의 제자라도 예외가 될 수 없다. 외로움은 세계 만인이 공통으로 걸리는 병이다.

하나님의 아들 예수님도 이 땅에 사시는 동안 외로움을 느끼셨다. 외롭다는 자체가 죄는 아니다. 어쩌면 인간이기에 지니는 무죄한 숙명인지도 모른다. 예수님의 제자로서 외로움을 느끼는 사람은 근거 없는 죄책감까지 걸머지지 않기를 바란다. 문제는 외로울 때 죄에 빠지기가 쉽다는 것이다.

외로움은 인간 사회에 가장 만연된 문제 중의 하나이며 도덕적, 사회적 규범을 깨뜨리는 병폐의 주요 요인이 되어 왔다.

외로움은 "가까운 사람이 없는 상태, 혼자임, 쓸쓸한 느낌" 등으로 정의한다. 단어 자체가 황량하고 고독한 감정을 잘 반영한다. 외로움의 문제는 비단 최근의 문제만이 아니다. 인류의 시발인 에덴동산에서부터 외로움의 문제는 시작되었다. 성경에 기록된 하나님의 최초 발언은 외로움이 좋지 못하다는 것이었다. "여호와 하나님이 이르시되 사람이 혼자 사는 것이 좋지 아니하니 내가 그를 위하여 돕는 배필을 지으리라 하시니라"창 2:18.

그러나 아담은 이후에 전혀 다른 차원의 외로움을 경험했다. 그것은 죄로 인한 외로움이었다. 죄의 유혹에 빠진 아담과 하와는 두려움이라는 무자비한 손아귀에 붙들렸다. 하나님과의 친밀함을 누리는 대신 이제는 하나님으로부터 멀어진 외로움을 느끼기 시작했다. 그것은 인간이 느끼는 외로움 중에서 가장 통렬하고 가슴에 사무치는 외로움이다.

외로움은 여러 가지 변장된 모습으로 다가온다. 어떤 때에는 마치 마음이 텅 빈 것 같은 공허함을 느끼게 하고, 어떤 경우에는 쓸쓸하고 허전한 느낌이 들게 하고, 어떤 경우에는 뭔가 모를 만족감을 애타게 느끼고 싶어 한다. 특히 사랑하는 사람을 잃었을 때 외로움은 가장 고통스런 형태로 다가온다.

현대 사회가 지니는 특성도 외로움을 부추기는 요소로 작용한다. 그 중 하나가 핵가족 제도에서 인생의 동반자가 되어 준 배우자의 죽음이다. 특히 오랫동안 결혼생활을 했던 배우자라면 그 상실감이 더 클 수밖에 없다. 아이들이 장성해서 집을 떠난 후 큰 집을 처분하고 작은 집으로 이사할 때에도 정신적 타격이 크다. 낯선 환경과 이웃과 친구들을 떠나야 하는 심적 고통은 이루 말할 수 없다.

본인이든 부모든 이혼이나 별거를 맛본 사람들은 거의 대부분이 외로움의 길을 걷게 되고 가슴 속에 큰 상처를 안게 된다.

외로움이 아니라 고독감

외로움과 고독을 같다고 생각하면 오산이다. 고독은 본인이 선택하는 외로움을 말하고 우리가 흔히 이야기하는 외로움은 정신적이며 심리적으로 느끼는 외로움을 말한다. 외로움은 부정적이고 비생산적이지만 고독은 건설적이고 생산적이다.

야곱은 자신에게 속았던 형 에서가 무리와 함께 다가오고 있음을 알았을 때 얍복 강가에 홀로 남았다고독. 그로 인해 그는 인생의 새로운 전환점을 맞게 되었다.

외로움이 인간을 공격하는 데에는 몇 가지 측면이 있다. 그 중에서 감정적 측면이 가장 고통스럽다. 친밀한 관계를 잃거나 친밀한 관계가 없을 때 생기는 공백은 채우기가 무척 힘들다. 유일한 해결책은 그런 관계를 새롭게 형성하는 것이다. 막상 사랑하는 사람을 잃고 나면 새로운 관계를 맺기가 불가능한 것처럼 생각되지만 전혀 그렇지 않다. 굳은 의지가 필요하겠지만 분명히 가능한 일이다. 사회적 측면에서 볼 때 외로움은 '소외감'이나 자신이 '무용지물'처럼 느껴지는 무력감으로 나타난다. 그렇게 되면 스스로 위축되고 외부와 단절된 삶을 살기 쉽다. 이런 경우는 보통 스스로 단절된 삶을 자초한다. 사회적 고립감이나 소외감은 특히 소수민족에게서 두드러지게 나타난다. 교회도 예외가 아니다. 주님의 사랑을 실천하고 외로운 사람을 도와주어야 할 교회마저 외로움을 부추기는 장소가 되어버린 사실은 참으로 안타까운 노릇이 아닐 수 없다.

앞에서도 언급했듯이 가장 심각한 문제는 영적 외로움이다. 하나님만이 인간의 영적 공허함을 메워 주고 인간의 심령을 만족시킬 수 있다.

외로움에는 나이가 없다

인간 영혼의 고질병 외로움은 아무 때나 불쑥불쑥 찾아온다. 셰익스피어는 *The Seven Ages of Man* 일곱 나이 이라는 작품에서 인생의 여러 가지 단계를 신랄하게 풍자했다. 한 가지 분명한 사실은 인생에서 외로움에 면역된 시기가 없다는 것이다.

연구 자료에 의하면 노인들보다 장년과 청소년들이 더 많이, 그리고 더 깊이 외로움을 느낀다고 한다. 다소 의외의 사실이 아닐 수 없다. 젊은 사람들은 타인으로부터 용납받고 인정받고 싶은 욕구가 강하다. 특히 또래집단에 속하고 싶은 욕구가 너무도 강해서 또래집단의 인정을 받기 위해서는 무엇이라도 할 정도다. 그들은 어리지도 않고 늙지도 않은 '중간에 낀' 세대다. 그러기에 정체감이 불분명하고 결국은 그러한 요인들이 청소년들을 마약, 술, 등의 해로운 습관에 물들게 한다.

청소년들은 갑자기 외로움을 느끼는 경우가 많지만 장년에 이른 사람들은 비록 달갑지는 않더라도 조만간 자신에게 외로움이 찾아들 것이라는 예상을 하고 산다. 따라서 외로움을 느끼더라도 그리 놀라지 않는다.

나이가 든 노인들은 가까운 사람들이 하나 둘씩 이 세상을 떠나거나, 자녀들이 먼 곳에 살거나, 기력이 빠져 생활이 버거울 때 심한 외로움을 느낀다. 더 이상 자신은 필요한 존재가 아니고 아무도 자신을 원하지 않는다는 생각이 외로움을 부채질한다.

현대 사회에서 급속도로 증가하는 층은 홀로 자녀를 키우는 한부모와 결혼을 하지 않고 홀로 살아가는 독신자 층이다. 우리 사회는 여전히 가족 중심의 사회이므로 그런 사람들은 사회생활에서 고립감을 느끼기 쉽다.

결혼해서 자녀도 낳고 가정을 꾸리고 싶지만 기회를 잡지 못한 독신 여성들도 그와 같은 범주에 속한다. 그들은 자신들이 마치 열등한 인간인 것 같은 자괴심을 갖기도 한다. 하지만 성경은 그런 열등감을 전혀 지지하지 않는다. 고린도전서 7장에 보면 사도 바울은 독신에 대해 세 번을 언급하며 그 상태를 '좋다'라고 이야기했다. 독신의 삶도 존중받아야 하고 바람직하다고 그는 강조했다. 하지만 모든 독신 남녀들이 바울의 관점에 동의하는 것 같지는 않다. 어떤 사람들은 너무도 많은 부부들이 이혼으로 치닫고 있어 '차라리 혼자 사는 게 결혼해서 불행한 것보다 낫다'라는 말까지 한다. 선교 사역을 이끄는 대다수의 사역자들이

미혼여성이라는 사실도 간과하면 안 된다.

결혼한 사람들에게 이혼처럼 뼈아프고 외로움을 느끼게 하는 경험은 없을 것이다. 이혼서류에 도장을 찍었다고 해서 모든 아픔이 끝나는 게 아니다. 사실은 그때부터 더 큰 아픔이 시작된다. 이 세상은 외로운 이혼 남녀들로 가득 차 있다. 가장 가슴 아픈 현실은 자녀들이 부모의 한쪽, 때로는 양쪽 모두를 잃는다는 것이다. 그렇게 되면 무고한 아이들이 외로움을 겪을 수밖에 없다.

배우자와 사별한 사람들도 마찬가지다. 부부관계가 원만하지 않았던 사람이라도 일단 배우자를 잃게 되면 마음이 허전하고 식탁의 빈자리가 커 보일 수밖에 없다. 배우자가 죽은 후 얼마간은 친척이나 가까운 사람들로부터 많은 관심과 위로를 받지만 시간이 지날수록 사람들의 관심에서도 멀어지고 찾아오는 사람들도 뜸해지기 마련이다. 여자보다는 남자가 배우자 사별에 대한 대처가 미흡한 경우가 많다.

가까운 사람의 죽음은 심리적 고통을 동반한다. 처음에는 태양도 빛을 잃고 앞이 캄캄해지는 느낌이 들 것이다. 사랑하는 사람의 죽음 앞에 애통하고 슬퍼하는 것이 잘못되었다거나 나약하다는 식의 생각은 버려야 한다. 슬픔의 감정은 수치스러운 것이 아니므로 부끄럼 없이 겉으로 표현해야 한다. 눈물에는 치유의 능력이 있다. 결국 죽음도 인간사의 한 부분이 아닌가!

시간이 지난다고 상실감이 없어지지는 않지만 슬픔의 감각은 무뎌진다. 세월도 약이 되지만 하나님의 위로는 그보다 더 큰 약이 된다. "찬송하리로다…모든 위로의 하나님이시며 우리의 모든 환난 중에서 우리를 위로하사 우리로 하여금 하나님께 받는 위로로써 모든 환난 중에 있는 자들을 능히 위로하게 하시는 이시로다"고후 1:3-4.

개중에는 혼자서 슬픔을 끌어안고 위로받기를 거부하는 사람들이 있다. 누구의 위로도 필요 없다고 스스로를 속이지만 사실상 그에게 가장 필요한 것은 하나님의 위로다. 예수님은 이사야 *61장 1절* 말씀을 자신에게 적용시키셨다. "마음이 상한 자를 고치며." 주님이 당신의 상한 마음을 고치시게 하라!

외로움의 치료책

외로움을 느끼게 하는 다양한 요인들을 살펴보았으니 이제는 외로움의 고통을 누그러뜨리는 방법 몇 가지를 소개하고자 한다.

물론 외로움을 단번에 치료하는 간단한 통치약은 없다. 외로움을 극복하기 위해서는 전심으로 노력하는 자세가 필요하다. 즉 스스로의 자구책을 찾아서 노력하면 극복이 가능하다는 이야기다. 아울러 현실의 문제에 직면하고 그에 적응하는 노력도 반드시 병행되어야 한다.

외로움을 느끼는 사람이 자신에게 변화가 필요하다는 사실을 인식하고 노력하는 자세를 갖게 되면 변화의 희망이 생긴다. 어떤 남자는 이런 간증을 했다. "외로움을 떨쳐버리기 위해서는 저 스스로 나서서 뭔가를 해야 하는 것밖에 없었습니다." 그것이 바로 현실을 직시하고 부딪치려는 자세다. 이 세상에는 오로지 하나님만이 하실 수 있는 일이 있고 오로지 우리가 할 수 있는 일이 있다. 우리는 결코 로봇이 아니다. 어떤 생각과 마음가짐을 갖느냐가 대단히 중요하다.

보통 외로움에 대한 대처 방법이라고 제안하는 것들은 치료책이라기보다 임시방편인 경우가 대부분이다. 휴가를 떠나라든지, 직장을 바꾸라든지 하는 식의 충고는 어느 정도 도움은 되겠지만 근본적인 해결 방안은 될 수 없다. 어디를 가든 외로움은 자기 자신과 동행할 테니 말이다. 정신없이 바쁘게 지내도 마음속의 공허함은 채워지지 않는다. 갑자기 환경을 바꾸면 문제만 복잡해질 뿐이다. 그런 식의 대응책은 부러진 다리에 일회용 밴드를 붙이는 것과 같다. 일시적인 기분전환은 될 수 있을지 모르나 근본적인 치유책은 되지 못한다.

의사가 처방해 주는 약은 대개 입에 쓰고 먹기가 나쁘다. 하지만 정상적인 성인 중에 입에 맞지 않는다는 이유로 약 먹기를 거부하는 사람은 없을 것이다. 다음에 제시하는 방안들은 당신의 입맛에 맞지 않을지도 모른다. 하지만 심하게 외로움을 타는 사람이라면 한번쯤 시도해 보기를 강력히 권하고 싶다.

1. 주님이 외로워하는 당신과 함께하신다는 사실을 믿으라. 그 사실을 증명해 주는 성경 구절 몇 개를 예로 들어보겠다.

   "내가 친히 가리라 내가 너를 쉬게 하리라" 출 33:14.

   "두려워하지 말라 내가 너와 함께함이라" 사 41:10.

   "그의 이름은 임마누엘이라 하리라 하셨으니 이를 번역한즉 하나님이 우리와 함께 계시다 함이라"마 1:23.

"그가 친히 말씀하시기를 내가 결코 너희를 버리지 아니하고 너희를 떠나지 아니하리라 하셨느니라 그러므로 우리가 담대히 말하되 주는 나를 돕는 이시니 내가 무서워하지 아니하겠노라 사람이 내게 어찌 하리요"히 13:5-6.

2. 외롭다는 것 자체는 죄가 아니다. 잘못된 죄책감을 느끼지 말라.
3. 외부적인 상황이 바뀔 수 없는 경우라면 당신의 마음가짐을 바꾸고 적응하려고 노력하라.
4. 끊임없이 자신을 자책하지 말라. 하나님이 당신을 받아주셨다면 당신은 하나님께 가치 있고 소중한 사람이다. 하나님의 평가를 명심하라.
5. 영적 밭을 경작하라. 당신에게 고백하지 않은 은밀한 죄가 있다면 정직하게 낱낱이 고백하고 더 이상 죄를 짓지 말라. 해당하는 사람에게 용서를 구하고 성경에 약속된 대로 정결한 사람이 되라요일 1:9. 그래야만 외로움의 덫에서 벗어날 수 있고 당신 영성의 곪은 상처에서 고름을 짜내는 효과를 맛볼 수 있다.
6. 당신의 감정 상태와, 고민과, 문제를 은혜로운 주님께 이야기하라. "이는 그가 우리의 체질을 아시며 우리가 단지 먼지뿐임을 기억하심이로다"시 103:14. 당신이 신뢰할 수 있는 그리스도인을 찾아가서 상담하고 기도를 받으라. 고통을 나누면 반으로 줄어든다.
7. 해결되지 않은 문제를 그대로 안고 살아가는 법을 배우라. 예수님

도 이런 말씀을 하신 적이 있다. "내가 하는 것을 네가 지금은 알지 못하나 이후에는 알리라"요 13:7.

8. 자기 연민에 빠지지 마라. 자기 연민은 '음울한 독버섯'이다. 자기 연민이 오히려 문제의 원흉이 되는 경우가 많다. 계속해서 자기 자신을 불쌍하게 여기는 일이 외로움으로 직행하는 지름길이다. 어떤 면에서 자기 연민은 현실의 문제에서 자기 책임을 회피하려는 수단이다. 따라서 근본적 해결의 가능성을 잃게 만든다.

계속해서 자기 자신에게만 초점을 맞추면 결국 외로움이라는 불에 기름을 끼얹는 격이 되고 만다. 오히려 생각의 방향을 바꾸어서 다른 사람에게 시선을 돌리고 그들을 도와주려고 노력하다 보면 자신의 상황도 개선되고 외로움이라는 상자에서도 벗어날 수 있다.

9. 만일 문제의 상황이 바뀔 가능성이 없다면 부딪쳐 싸우는 대신에 있는 그대로 받아들이라. 당신 자신을 상황에 적응시키고 그 속에서 향기를 발하도록 하라.

새로운 관계 형성

새로운 관계를 형성하는 일이야말로 외로움을 달래는 데 가장 효과적인 방법이면서도 가장 어려운 방법이다. 그러나 반드시 해야 할 일이기도 하다. 그렇지 않으면 언제나 외로움의 문제는 당신을 괴롭힐 것이다. 새로운 관계를 형성하는 데 도움이 될 만한 몇 가지 방안들을 제안해 보겠다.

1. 당신과 마음이 통할 것 같은 좋은 그리스도인이 있는지 찾아보고 그와 친해질 수 있는 기회를 달라고 기도하라.
2. 그 사람에게 다가가기 전에 쉽게 대화를 풀어갈 수 있는 상호 관심사를 생각하라.
3. 용기를 내어 그 사람에게 다가가라. 의지적인 노력이 필요하다.
4. 그 사람이 자신에 대한 이야기를 하도록 해 주고 그의 말에 진심 어린 관심을 기울이라. 당신 자신에 대해서는 잊어버리라.
5. 당신이 숫기가 없고 낯선 사람과 말하는 것을 꺼리는 성격이라면 어떻게 말을 걸어야 하고 어떤 대화로 시작해야 할지 미리 생각하라.
6. 새로운 관계가 형성되었다고 외로움의 문제가 완전히 해결되리라는 환상을 버리라. 무엇보다 주님과의 지속적이고 친밀한 관계가 기반이 되어야 한다.
7. 당신 자신이 아닌 다른 사람에게 시선을 돌리라. 다른 사람을 돕는 일에 헌신하라.
8. 오늘 당장 시행에 옮기라. 다음번에 기회를 봐서 하겠다고 미루지 마라. 미루면 기회는 영영 사라질 것이다.

호주에서 어떤 모임을 주관하고 있을 때 한 청년이 나에게 와서 자신의 고민거리를 털어 놓았다. 그는 어떤 일에 좌절을 느끼고 스스로 고립된 삶을 살고 있었고 무척이나 외로워했다.

나는 그에게 친구를 만들라고 권면했다. 당장이라도 다른 사람을 찾아가서 말을 걸고 고립된 생활에서 벗어나라고 했다. 그날 저녁, 그 청년이 환한 얼굴로 다시 나를 찾아왔다.

"제가 해냈어요! 별로 친하지 않았던 옆집 사람에게 말을 걸었는데 그 사람이 저하고 같이 성경공부를 하겠대요!" 주님이 그의 기도에 응답해 주신 것이다.

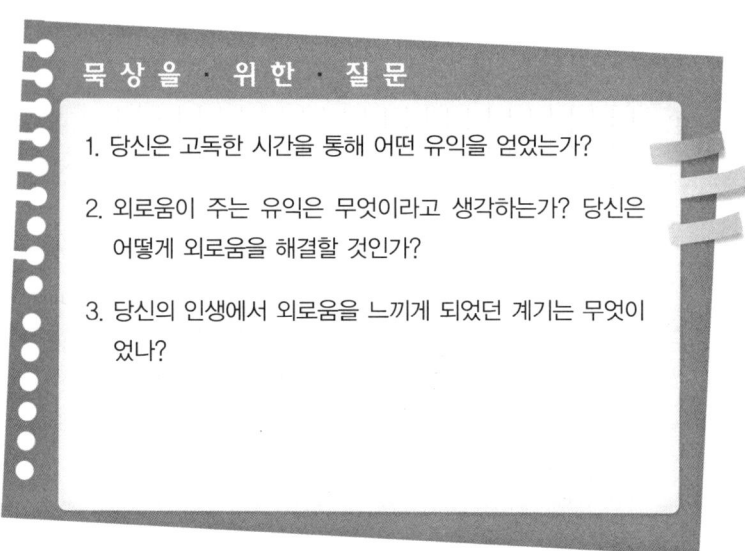

묵상을 · 위한 · 질문

1. 당신은 고독한 시간을 통해 어떤 유익을 얻었는가?

2. 외로움이 주는 유익은 무엇이라고 생각하는가? 당신은 어떻게 외로움을 해결할 것인가?

3. 당신의 인생에서 외로움을 느끼게 되었던 계기는 무엇이었나?

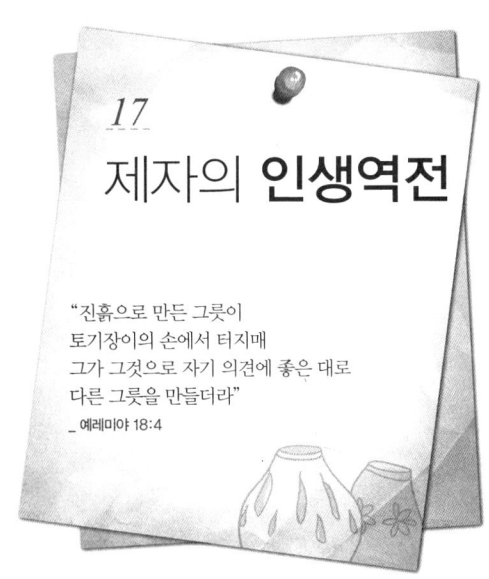

17
제자의 **인생역전**

"진흙으로 만든 그릇이
토기장이의 손에서 터지매
그가 그것으로 자기 의견에 좋은 대로
다른 그릇을 만들더라"
_ 예레미야 18:4

이스라엘의 선지자 예레미야는 마음이 아팠다. 눈물로 호소했지만 그가 사랑하는 조국은 요지부동이었고 하나님으로부터 점점 더 멀어져만 갔다. 어떻게든 다가올 재앙을 막아보려 했지만 그의 진지한 노력도 헛수고에 불과했다. 이제 하나님의 심판은 피할 길이 없어 보였다.

바로 그런 막막한 시점에서 하나님은 예레미야에게 희망적인 환상을 보여 주셨다. "너는 일어나 토기장이의 집으로 내려가라 내가 거기에서 내 말을 네게 들려주리라"렘 18:2. 비록 이스라엘이 계속해서 하나님의 뜻을 어기고 복의 도구가 되지 못했지만 다른 나라들이 죄를 회개하고 하나님께로 돌아오기 위해서는 토기장이 하나님이 이스라엘을 새롭게 하시고 다시 한 번 기회를 주실 수밖에 없었다.

예레미야가 받은 환상은 당시의 이스라엘을 향한 말씀이었지만 시대를 초월해 어느 때에도 적용할 수 있는 말씀이다. 예레미야가 살던 시대의 토기나 지금의 토기나 들어가는 재료가 같듯이 하나님이 자녀들을 다루시는 방법은 어느 시대에나 동일하다. 비록 구체적인 상황은 다를지라도 원칙은 어느 시대에나 마찬가지다.

하나님의 말씀에 순종하여 토기장이의 집으로 간 예레미야는 그곳에서 토기장이의 발에 의해 돌아가는 물레회전판을 보았다. 그 옆에는 점토덩이가 놓여 있었다. 점토는 그 자체로 아무 값어치가 없고 스스로 무엇이 될 수도 없는 무생물체다. 그릇에는 물이 담겨 있었는데 그 물은 흙을 부드럽게 이겨서 반죽하기 위함이었다. 예레미야는 노련하고 솜씨 좋은 토기장이가 점토를 빚어서 토기를 굽는 장면을 지켜보았다.

"그때에 여호와의 말씀이 내게 임하니라 이르시되 여호와의 말씀이니라 이스라엘 족속아 이 토기장이가 하는 것 같이 내가 능히 너희에게 행하지 못하겠느냐 이스라엘 족속아 진흙이 토기장이의 손에 있음 같이 너희가 내 손에 있느니라"렘 18:5-6.

전능하신 하나님이 이렇게 말씀하시니 상당히 준엄하고 무섭게 들린다. 하나님의 능력은 너무도 막강하시지만 우리는 너무도 연약하다. 그러나 이사야 선지자는 하나님의 무서운 이미지를 다음과 같이 누그러뜨렸다. "그러나 여호와여, 이제 주는 우리 아버지시니이다 우리는 진흙이요 주는 토기장이시니 우리는 다 주의 손으로 지으신 것이니이다"사 64:8.

물론 하나님은 전능하고 막강한 분이다. 하지만 그와 동시에 아버지의 마음을 가지신 분이다. 하나님이 그분의 부성과 어긋나게 능력을 발휘하지 않으리라는 사실을 우리는 *100퍼센트* 확신할 수 있다. 연약한 자녀를 다루실 때 하나님은 언제나 변함없는 사랑으로 대하신다.

예레미야는 토기장이가 하는 작업을 보면서 다음과 같은 점들을 발견했다.

토기의 모양

"그가 녹로로 일을 하는데" 렘 18:3.

토기장이는 점토를 집어서 빙빙 돌아가는 물레회전판의 정중앙에 올려놓았다. 조금이라도 한쪽에 치우친다면 균형이 잡히지 않은 비스듬한 모양의 토기가 만들어졌을 것이다.

토기장이가 능숙한 솜씨로 회전판을 돌리는 사이 그가 머릿속에 구상했던 토기의 모양이 서서히 완성되어 갔다. 머릿속에서 구상했던 모습이 점토를 빚으면서 아름다운 모습으로 실현된 것이다.

토기장이는 능숙하고 솜씨 좋은 장인이었다. 하나님도 인간의 삶을 능숙하고 솜씨 있게 빚으시는 최고의 장인이시다. 절대 견습공이 아니시다. 그래서 자신의 작품을 망치는 법이 없으시다. 문제는 우리가 자신을 토기장이로 착각하고 스스로의 삶을 빚어 가려는 오만에 빠진다는 것이다. 물론 그 결과는 참담할 뿐이다.

토기가 빚어지는 물레회전판은 우리의 성품이 빚어지는 날마다의 일상을 상징한다. 우리가 처한 상황은 저마다 다르다. 게다가 유전, 기질, 환경은 사실상 우리 힘으로 어쩔 수 있는 부분이 아니다. 그러면서도 그들은 우리 삶에 강력한 영향을 미치고 있다. 하나님의 섭리도 빼놓을 수 없다. 실패와 번영, 슬픔과 기쁨, 죽음과 재앙, 유혹과 시험 모두 하나님이 우리를 그리스도의 형상으로 만들기 위해 사용하실 수 있는 기회들이다.

하나님은 그대를 이 판 위에 세워두셨다네.
가소성可塑性의 상황 위에
아주 유효한 수단이지
그대의 영혼을 구부리기 위해 해 보게나, 빙글 돌아서
그분의 자국이 선명히 찍히도록.
_ 로버트 브라우닝

진흙 속에서 우리는 인간의 본성을 보게 된다. "주께서 내 몸 지으시기를 흙을 뭉치듯 하셨거늘"욥 10:9. 토기장이가 빚지 않는다면 흙은 그 자체로 아무 가치가 없다. 흙의 가치는 결국 토기장이의 머릿속에 있는 형태를 따라 빚어지고 만들어지는 능력에 있는 것이다. 드레서Dresser는 "흙에 가치를 부여하는 것은 흙이라는 물질이 아니라 그것을 빚는 예술이다"라고 말했다.

나는 언젠가 소더비스Sothebys 예술품 경매에 참여한 적이 있었다. 소더비스는 런던의 유명한 예술품 경매를 하는 곳이다. 경매인이 별로 볼품없어 보이는 작은 도자기 하나를 치켜들었는데 놀랍게도 처음 부른 경매 가격이 2만 5천 파운드나 되었다! 경매가 진행되면서 그 도자기의 가격은 5만, 7만, 7만 5천, 7만 8천 파운드까지 치솟았다. 그 도자기에 사용된 점토는 분명 몇 푼짜리밖에 되지 않을 것이다. 그럼에도 불구하고 그 도자기에 엄청난 가격이 매겨진 이유는 바로 토기장이의 솜씨가 훌륭했기 때문이었다.

점토와 마찬가지로 우리네 인생도 하늘의 토기장이의 손에 맡겨졌을 때 무한한 가능성을 발휘하게 된다. 왜 어떤 사람들은 찬란히 빛을 발하고 어떤 사람들은 우중충한 생을 살까? 모든 인간은 똑같은 재료로 만들어지지 않았는가? 결국은 하늘의 토기장이가 그분의 머릿속에 구상한 형태로 자신을 빚어가도록 허락했느냐 안 했느냐가 결정적인 차이를 만들어 낸 것이다.

이 세상에는 온갖 다양한 종류의 흙들이 있어서 각각의 특성에 맞게 다루고 빚어야 한다. 예수님의 제자들도 마찬가지다. 하나님은 우리가 가진 특성과 기질에 맞추어 각자를 독특하게 다루신다. 하나님의 토기 공장에서는 똑같은 제품을 대량으로 찍어내는 일이 없다.

깨어진 토기

"진흙으로 만든 그릇이 토기장이의 손에서 터지매"렘 18:4.

예레미야가 빚어진 도자기를 보고 감탄하는 사이 갑자기 도자기가 보기 흉한 조각으로 깨어져 버렸다. 토기장이의 수고가 물거품이 되는 순간이었다. 도자기의 아름다운 형태가 사라졌으니 토기장이는 당연히 그것을 파편 더미에 던질 것이라고 예레미야 선지자는 생각했다. 그 토기가 왜 깨어졌는지 그 이유는 성경에 나와 있지 않다. 아마 토기장이의 손놀림에 점토가 부응하지 못해 일어난 사고였을 것이다.

우리의 삶에도 동일한 장면이 재현되고 있지 않은가? 토기가 망가지는 것은 토기장이의 실수나 기술부족 때문이 아니다. 어떤 예술가도 자신의 작품을 일부러 망가뜨리지 않는다. 인간은 인생의 단꿈에 젖어 높은 이상을 갖고 출발하지만 막상 인생과 씨름하다 보면 최악의 나락에 떨어지는 경우가 많다. 비록 토기는 깨어졌지만 그래도 한 줄기 희망은 있다. 어찌되었든 여전히 전능자의 손에 있기 때문이다. 하나님은 깨어진 토기 조각을 파편 더미에 던져버리지 않으신다!

토기장이 하나님이 구상하신 모습이 틀어지는 데에는 여러 가지 원인이 있다. 그 중에서 가장 흔한 것이 우리 삶에 죄를 용납했기 때문이다. 눈에 보이는 죄일 수도 있고 생각 속에 짓는 죄일 수도 있다. 아니면 질투, 교만, 탐심 등의 정신적 죄일 수도 있다. 이런 죄들은 외부로 드러난 흉악한 죄에 비해 그다지 나쁘지 않다는 인식을 갖고 있지만 하나님께는 모두 다 용납받지 못할 죄일 뿐이다. 어떤 종류의 죄이건 죄는 토기에 금이 가게 만든다.

하나님의 뜻을 알면서도 따르지 않는 것 역시 죄다. 자기 뜻이 너무 강해서 하나님의 부드러운 손놀림에 고집을 꺾지 않는다면 죄를 짓는 것이다. 보통 한 가지 문제를 놓고 하나님과 줄다리기를 하다가 토기에

금이 가게 만든다.

불륜이나 적절치 못한 관계도 하나님의 복을 가로막는다.

죄의 문제는 반드시 과감하게 대처해야 한다. 내 인생이 올바른 길로 나아가기 위해서 어떠한 죄라도 인정사정없이 철저하게 뿌리 뽑겠다는 각오가 필요하다.

다시 만든 토기

"그가 그것으로 자기 의견에 좋은 대로 다른 그릇을 만들더라" 렘 18:4.

바로 이것이 하나님이 주시는 소망의 말씀이다. 토기장이는 망가진 토기를 파편 더미에 던져버리지 않고 그 자리에서 다른 토기를 만들었다 아마 조각들에 물을 묻혀 다시 이겼을 것이다. 처음에 구상했던 것만큼 멋있고 아름다운 모양은 아닐지 모르지만 그래도 여전히 주인이 쓰기에는 알맞은 토기였다.

이사야는 예수님에 대해 이렇게 예언했다. "그는 쇠하지 아니하며 낙담하지 아니하고 세상에 정의를 세우기에 이르리니" 사 42:4. 예수님은 결코 쇠하거나 낙담하는 법이 없으셨다. 성경에 보면 깨어진 토기를 하나님이 다시 만드신 사례들이 수없이 등장한다.

야곱을 선택해서 거룩한 나라가 되게 하고 이후에 그 가문에서 메시아가 탄생케 되는 일을 하나님이 아니면 누가 할 수 있었겠는가? 야곱이라는 이름의 뜻 자체가 '속이는 자, 사기꾼'이 아니던가? 야곱은 워낙 비뚤어진 사람이라 꽈배기 속에 숨으면 안 보일 거라는 우스갯소리를 들은 적이 있다. 그는 장장 이십 년간을 외삼촌 라반과 속고 속이는 관계 속에서 살았다. 그러다 마침내 하나님은 그를 움쩍달싹도 못하게 막다른 골목으로 몰아넣으셨다.

"야곱은 홀로 남았더니 어떤 사람이 날이 새도록 야곱과 씨름하다가… 야곱의 허벅지 관절이 그 사람과 씨름할 때에 어긋났더라 그가 이르되 날이 새려하니 나로 가게 하라 야곱이 이르되 당신이 내게 축복하지 아니하면 가게 하지 아니하겠나이다 그 사람이 이르되 네 이름이 무엇이냐 그가 이르되 야곱이니이다 그가 이르되 네 이름을 다시는 야곱이라 부를 것이 아니요 이스라엘이라 부를 것이니 이는 네가 하나님과 및 사람들과 겨루어 이겼음이니라" 창 32:24-28.

그 전까지만 해도 야곱은 토기장이 하나님께 번번이 저항하면서 자신의 교활한 꾀에 의지해서 살았다. 하지만 그런 야곱도 결국은 무너졌고 저항의 칼을 내려놓았다. 그러자 하나님은 그를 사기꾼에서 왕자로 바꾸어 주셨다.

베드로는 사실 그다지 특출한 재목은 아니었다. 수없이 실수하고 약점을 노출시키더니 급기야 맹세까지 하며 예수님을 모른다고 부인했나. 최악의 상황이있다. 밖에 나가 슬피 울면서 베드로는 이제 모든 게 끝이라고 생각했을지 모른다. 그동안은 장밋빛 환상에 젖어 있었지만 결정적인 실수로 모든 것은 날아가 버렸다. 차라리 어부의 생활로 돌아가는 편이 나아 보였을 것이다.

하지만 토기장이 하나님은 실망하지 않으셨고 베드로를 파편 더미에 던져버리지 않으셨다. 50여 일이 지난 오순절에 불같이 뜨거운 설교로 단박에 3천 명의 사람들을 하나님 나라에 불러들인 사람이 바로 베드로였다. 예수님은 심지어 베드로에게 집행유예를 선고하지도 않으셨다. 주님은 사람들의 마음속에 무엇이 있는지를 아셨다. 그렇기에 베드로의 뉘우침 속에 들어 있는 진심을 헤아리신 것이다. 베드로는 다시 주님의 사도로 복직되었을 뿐 아니라 초대교회의 지도자가 되었다. 또한 예수님은 베드로에게 유대인과 이방인들에게 하나님 나라를 열어 줄 수 있는 열쇠를 맡기셨다.

마가 요한은 전도유망한 청년이었지만 전도여행 도중에 포기하고 돌아간 낙오자였다. 바나바와 바울이 첫 번째 선교여행을 떠났을 때 마가 요한은 위대한 지도자들과 함께 선교를 한다는 부푼 희망과 기대를 갖고 그 여행에 동참했다. 그러나 갈수록 여행이 험난해지고 난관에 부딪치자 그의 열정은 증발해 버렸다. 결국 그는 중도에서 포기하고 집으로 돌아갔다 행 13:13. 낙오자가 된 것이다.

두 번째 선교 여행을 떠나기 전 바나바가 마가를 다시 데리고 가자고 제안했을 때 사도 바울은 완강히 거부했다. 한번 자신들을 버린 청년에게 두 번 다시 기회를 주지 않겠다는 것이었다. 그러나 바나바와 하나님은 그를 포기하지 않았다. 그에게 다시 한 번 기회를 주었고 그를 훌륭한 사역자로 빚어 주셨다. 그 결과 낙오자는 예수님의 일대기를 기술한

복음서 기자가 되었다. 단념하지 않으시는 토기장이 하나님의 놀라운 은혜가 아닌가!

완벽한 토기

토기장이는 토기를 빚을 때 물레와 불을 사용한다. 불가마가 없다면 토기는 그 형태를 유지할 수 없다. 불가마 속에서 토기의 습기와 불순물이 제거된다. 온도가 올라갈수록 흙의 순도가 높아지며 무늬와 색깔도 선명해진다.

토기장이 하나님은 어떤 무늬를 머릿속에 생각하실까? 하나님의 사전에는 '실수' 라는 것이 없다. 사도 바울은 이렇게 말했다. "하나님이 미리 아신 자들을 또한 그 아들의 형상을 본받게 하기 위하여 미리 정하셨으니 이는 그로 많은 형제 중에서 맏아들이 되게 하려 하심이니라" 롬 8:29.

우리 삶에 하나님의 손길이 닿을 때마다 바람직한 결과가 생겨난다. 때로는 그 손길이 두렵기도 하지만 우리 삶의 보기 흉한 것들을 제거하고 그분의 은혜와 미덕으로 채워 주기 위한 손길이다.

불같은 시험이 너의 길에 가로놓였다면
'내 은혜로 충분하다' 가 너의 힘이로다.
불길이 그대를 사르지 못할 것이요.

불순물만 타고 정금만이 남는 게

오로지 나의 뜻이로다.

_ 로버트 킨Robert Keene

불에 달구어져야만 토기에 새겨진 무늬가 영구적이 된다. 언젠가 아는 사람의 도기공장에 들렀는데 그곳에서 토기를 굽는 불가마를 구경하게 되었다. 나는 그때 들었던 한마디가 지금도 잊혀지지 않는다. "우리는 도자기를 그대로 불 속에 집어넣지 않습니다. 불에 견딜 수 있는 강한 재료로 도자기를 감싼 후에 집어넣죠. 그렇지 않으면 맹렬한 불길에 도자기가 망가지거든요." 그 순간 이사야서의 예언이 머릿속에 떠올랐다. "너는 두려워하지 말라 내가 너를 구속하였고 내가 너를 지명하여 불렀나니 너는 내 것이라 네가 물 가운데로 지날 때에 내가 너와 함께할 것이라…네가 불 가운데로 지날 때에 타지도 아니할 것이요 불꽃이 너를 사르지도 못하리니"사 43:1-2. 우리는 절대로 불 시험을 혼자 통과하는 일이 없을 것이다. 하지만 우리는 그 사실을 언제나 믿어 의심치 않는가?

다니엘서에 나오는 세 청년은 하나님이 그들을 구해 주실 것이라는 믿음에도 불구하고 용광로의 불길을 피할 수 없었다. 다만 그들은 불의 파괴력으로부터 보호받았고 하나님의 아들과 함께 있는 놀라운 특권을 누릴 수 있었다. 토기장이 하나님이 우리 삶 속에서 어떤 일을 하시는지 우리는 깨닫지 못할 때가 많이 있다.

영국 왕 조지 6세는 훌륭한 도자기 작품 하나를 원했다고 한다. 왕의 일행이 찻잔을 만드는 공방에 들어왔을 때 왕을 안내하던 토기장이는 "폐하, 왕궁에서 쓰실 찻잔이 바로 이것이옵니다"라고 하며 검은색 찻잔 하나를 손으로 가리켰다.

그것을 본 왕은 의외라는 표정을 지으며 "아니, 나는 검은색 찻잔을 주문한 적이 없는데…"라고 대꾸했다. 그러자 토기장이는 얼른 왕의 말을 받아서 이렇게 이야기했다. "예. 물론 폐하께서 주문한 것은 금 찻잔이었습니다. 저 검은색을 벗기면 금이 입혀져 있습니다. 저희는 금제품을 그대로 불가마에 넣지 않사옵니다. 그렇게 하면 찻잔이 망가지기 때문에 그 위에 검은색으로 덧칠을 한 것이옵니다. 저 검은색이 불 속에서 타 없어지면 번쩍이는 금만이 남게 될 것이옵니다."

우리가 인생의 어둡고 힘든 터널을 지날 때 우리 눈에는 오직 검은색만이 보인다. 그 안에 더욱 순결해진, 더욱 예수님을 닮은 성품이 금처럼 빛나는 것을 알지 못한다.

욥은 몇 차례의 혹독한 시련과 역경을 거치면서 가슴에 길이 남을 감동적인 한마디를 남겼다. 수많은 기독교의 성인들이 즐겨 인용했던 명언이다. "내가 가는 길을 그가 아시나니 그가 나를 단련하신 후에는 내가 순금같이 되어 나오리라" 욥기 23:10.

가룟 유다는 주님의 은혜로운 손길을 계속해서 뿌리치고 저항했다. 결국 그는 파편 더미로 향하는 길밖에 다른 도리가 없었다. 자살로 생을 마감한 유다는 예수님을 배반한 은전 *30냥*으로 제사장이 구입한 토기장이의 밭에 묻혔다. 우연의 일치라고 보기엔 너무도 아이러니한 사실이다. 유다의 비극적 최후는 토기장이 하나님의 손길을 계속해서 뿌리치고 저항하는 사람들에게 엄숙한 경고가 아닐 수 없다.

잠잠히 있어 그분이 그대를 빚으시게 하라!
오 주여, 순종하겠나이다.
당신은 유능한 토기장이이시고
저는 순한 진흙입니다.
저를 빚으소서, 당신의 뜻대로 빚으소서.
잠잠히 기다리고 순응하겠나이다.
_ 작자 미상

묵상을 위한 질문

1. 당신의 삶은 토기장이 하나님의 손에 들어 있는 점토와 같다고 생각하는가? 어떤 경우에 그런 사실을 의식하는가?

2. 예레미야서의 이야기처럼 당신도 토기로서 빚어졌다가, 깨어졌다가, 다시 빚어지는 경험을 했는가?

3. 지금 현재 토기장이 하나님은 당신의 삶 속에서 어떤 일을 하고 계신가?

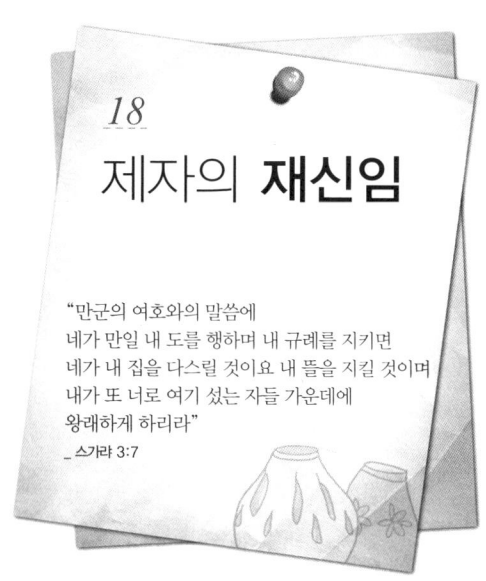

18 제자의 **재신임**

"만군의 여호와의 말씀에
네가 만일 내 도를 행하며 내 규례를 지키면
네가 내 집을 다스릴 것이요 내 뜰을 지킬 것이며
내가 또 너로 여기 섰는 자들 가운데에
왕래하게 하리라"
_ 스가랴 3:7

성경 주석의 편집자였던 *C. I.* 스코필드C. I. Scofield는 미국의 저명한 부흥가 드와이트 *L.* 무디 목사를 만날 때마다 화가 났었다고 털어놓았다. 무디 목사가 자신을 위해 기도할 때면 그의 헌신이 새로워지게 해 달라고 간구했다는 것이다. 스코필드는 그 기도의 의미가 무엇인지를 깊이 생각하지 않았다. 그러나 이후에 스코필드는 무디가 옳았음을 깨달았다. 자신이 신앙의 지식적인 면에만 치우쳐 있어 자칫 하나님에 대한 열정과 인간에 대한 사랑을 잃을 우려가 있다는 사실을 무디는 앞서 간파했던 것이다.

모든 제자들, 특히 신앙의 지적인 면에 치우친 제자들에게는 그와 같은 위험이 항상 도사리고 있다. 우리는 이스라엘의 대제사장이었던 여호수아의 헌신하는 모습에서 귀중한 교훈을 배울 수 있다. 여호수아의 상징적인 환상은 일차적으로 스가랴가 살았던 시대에 해당하는 이야기지만 오늘날에도 그 말씀은 시사하는 바가 크다. 스가랴는 자신이 보았던 환상을 이렇게 이야기했다.

"여호수아가 더러운 옷을 입고 천사 앞에 서 있는지라 여호와께서 자기 앞에 선 자들에게 명령하사 그 더러운 옷을 벗기라 하시고 또 여호수아에게 이르시되 내가 네 죄악을 제거하여 버렸으니 네게 아름다운 옷을 입히리라 하시기로 내가 말하되 정결한 관을 그의 머리에 씌우소서 하매 곧 정결한 관을 그 머리에 씌우며 옷을 입히고 여호와의 천사는 곁에 섰더라" 슥 3:3-5.

자격 없는 대제사장

스가랴는 환상을 통해 하늘에서 벌어진 일을 이야기했다. 여호수아에 대한 재판이 진행되고 있었는데 여호수아는 대제사장과 이스라엘 백성을 대표하는 사람이었다. 그의 오른편에는 여호수아를 고발한 원수 사탄이 서 있었다. 스가랴는 여호수아가 더러운 옷을 입고 있는 모습을 보고 경악했다. 모세의 율법에 따르면 더러운 옷을 입고 있는 대제사장은 제사장직을 수행할 수가 없었다.

고발자가 그 사실을 놓칠 리가 없었다. 사탄은 여호수아를 맹비난했다. 여호수아가 그의 비난에 반박하지 못했고 스스로를 자책하며 서 있던 것을 보면 사탄의 비난이 근거 없는 비난은 아니었던 게 분명하다.

그런데 그 냉랭한 분위기 속에서 갑자기 재판관이 고발자의 비난을 꾸짖고 반박하는 상황이 벌어졌다. 돌변한 상황에 스가랴는 뛸 듯이 기뻐했다. 그 후에 주님은 사탄을 향해 이렇게 말씀하셨다. "사탄아 여호와께서 너를 책망하노라 예루살렘을 택한 여호와께서 너를 책망하노라 이는 불에서 꺼낸 그슬린 나무가 아니냐"슥 3:2. 여호수아를 고발한 사탄은 하나님의 책망을 듣고 즉시 입을 다물었다.

고소가 취하되었다는 증거로 하나님은 여호수아의 더러운 옷을 벗기고 그 대신에 아름답고 호화로운 옷을 입혀 주셨다. 그는 대제사장직을 재신임 받았고 다시 한 번 이스라엘을 대표하여 주님의 존전에서 섬길 수 있는 자격이 주어졌다. 여호수아를 비롯해 그가 상징하는 이스라엘 백성 전체가 죄의 사면을 받고, 정결하게 되고, 하나님과의 친밀한 관계를 회복하게 된 것이다.

"그의 아버지 하나님을 위하여 우리를 나라와 제사장으로 삼으신"계 1:6 제자들이 하나님 앞에서 섬길 수 있다는 것은 특권인 동시에 당연한 일이다. 우리가 제사장의 역할을 맡았다면 여호수아처럼 원수의 공격 대상이 된다는 사실을 잊지 말아야 한다. "형제들을 참소하던 자"가 바로 사탄이기 때문이다계 12:10. 여호수아는 의심할 것 없이 당대 가장 거룩한 사람이었다. 그럼에도 불구하고 하나님의 거룩한 빛 가운데 섰을 때 그는 자신이 하나님의 제사장이 될 자격이 전혀 없음을 깨달았다.

여호수아는 이스라엘을 대표하는 제사장으로서 이스라엘 백성의 죄를 걸머지고 있는 사람이었기에 사탄은 정당하게 그를 비난하며 고소할 수 있었다. 말라기 선지자는 당시 이스라엘이 처한 상황을 상세히 기록했다. 백성들이 얼마나 타락하고 탐욕스러운지 흠 없는 동물을 잡아서 하나님께 제사를 드리는 게 아니라 병들고 절름발이 된 동물을 제단에 바쳤다. 심지어 대제사장 여호수아의 아들들조차 외국의 이방 여자들과 혼인했다. 여호수아는 백성들을 꾸짖고 하나님의 뜻대로 살도록 권면하지 못하고 백성들의 악행을 묵인하고 타협했다. 사탄이 그를 날카롭게 비난했을 때 그가 왜 묵묵부답이었는지 이해가 간다.

참소하는 자

사탄이 '형제들을 참소하는 자'가 된 것은 결코 우연이 아니다 게 12:10. 사실 사탄은 그 역할을 제일 선호한다. 유명한 무신론자 에르네스트 르낭 Ernest Renan 은 사탄을 가리켜 "피조물에 대한 사악한 비평가"라고 말했다. 그는 "거짓의 아비"다 요 8:44. 하지만 자신의 목적에 부합하면 진실을 말하기도 한다. 거짓이건 진실이건 사탄은 믿는 성도들에게 비난을 퍼부어 죄책감을 유발하고 절망과 좌절감에 빠져들도록 하여 하나님을 섬기지 못하도록 만든다.

여호수아가 그랬던 것처럼 그리스도인이 "더러운 옷을 입고" 있으면 사탄은 좋아 날뛰고 모든 수단방법을 동원하여 그 옷을 벗지 못하도록 획책한다. 죄에 빠진 그리스도인보다 하나님의 나라에 더 큰 해를 입히는 존재가 없다는 사실을 그는 누구보다 잘 알고 있다. 텔레비전 부흥

강사들의 도덕적 타락이 전 세계 기독교 사역에 얼마나 큰 악영향을 미쳤는지 모른다. 하지만 사탄은 그로 인해 엄청난 쾌거를 이룩했다. 단지 최후의 승리는 사탄의 몫이 아닐 뿐이다.

사탄은 언제나 하나님 앞에 우리를 고소할 거리, 사람들 앞에 우리의 신뢰를 땅에 떨어뜨릴 거리를 찾고 있다. 불행히도 우리는 그런 사탄에게 너무 자주 먹잇감을 던져 주고 있다. 사탄은 우리의 약점과 결함을 찾아내서 악용하는 데 능수능란한 자이며 자신의 목적을 달성하기 위해서는 어떤 악랄한 수단방법도 가리지 않는다.

스가랴의 환상에 나오는 재판관은 사탄이 여호수아와 이스라엘을 고소하며 비난했을 때 그 비난의 내용을 부인하지 않았다는 점에 유의하라. 고소를 수리하지 않았을 뿐 고소 사실을 부인하지는 않았다. "여호와께서 사탄에게 이르시되 사탄아 여호와께서 너를 책망하노라…이는 불에서 꺼낸 그슬린 나무가 아니냐" 슥 3:2.

마지막 질문의 내용은 무척이나 재미있는 비유다. 자, 중요한 서류를 실수로 불타는 난로 속에 떨어뜨렸다고 가정해 보자. 마침 재빨리 그 사실을 알아챈 덕에 후다닥 서류를 건져 낼 수 있었다. 비록 모서리는 불에 탔지만 서류의 중요한 내용은 그대로 보존되어 있었다. 그렇다면 그 서류는 손상은 되었으나 가치는 여전한 셈이다. 하나님이 불에서 여호수아를, 그리고 우리를 건져 내신 것은 우리가 그분에게 그만큼 가치 있다는 증거다. 하나님은 우리 안에 시작하신 일을 완성하실 것이다. "너희 안에서 착한 일을 시작하신 이가 그리스도 예수의 날까지 이루실 줄을 우리는 확신하노라" 빌 1:6.

사탄은 믿는 성도를 고소할 권리가 없다는 사실을 분명히 인식해야 한다. 만일 당신이 사탄이 속삭거리는 비난의 소리에 괴로워하고 있다면 이 한 가지 사실을 명심하라. 예수님의 제자가 죄를 지었을 때 그를 정죄할 수 있는 분은 이 세상에서 오로지 하나님 한분뿐이다. 회개하는 창녀를 향해 예수님이 하셨던 말씀도 그 사실을 증명한다. "나도 너를 정죄하지 아니하노니 가서 다시는 죄를 범하지 말라"요 8:11.

신자가 받은 완벽한 영적 사면을 사도 바울은 다음과 같이 감격적인 말로 기록했다. "누가 능히 하나님께서 택하신 자들을 고발하리요 의롭다 하신 이는 하나님이시니 누가 정죄하리요 죽으실 뿐 아니라 다시 살아나신 이는 그리스도 예수시니 그는 하나님 우편에 계신 자요 우리를 위하여 간구하시는 자시니라"롬 8:33-34.

어느 날 마르틴 루터의 꿈에 '형제를 참소하는 자'가 나타나서 그의 죄를 낱낱이 열거한 적이 있었다고 한다. 루터는 자신이 그 모든 죄를 지었음을 시인하고 나서 참소하는 자를 향해 이렇게 쏘아붙였다. "그래, 내가 그런 죄를 지었다. 하지만 그 죄들 위에 '그 아들 예수의 피가 우리를 모든 죄에서 깨끗하게 하실 것이요'요일 1:7 라고 써 있는 거 보이지?" 우리를 고발하는 사탄을 향한 가장 적절하고 통쾌한 응수다.

용서하는 재판관

하나님은 전 세계에 복이 흘러가도록 이스라엘을 택하셨고 그 중에서 예루살렘 도시를 선택하셨지만 비극적인 거역의 미래가 기다리고 있음을 이미 알고 계셨다. 이스라엘 사람들의 거듭되는 배반과 거역은 하나님에게 하나도 새삼스러울 것이 없었다. 우리도 마찬가지다. 그런 점에서 하나님은 다음과 같이 말씀하신다고 봐야 할 것이다. "나는 이스라엘과 예루살렘이 무엇을 어떻게 할지 모든 것을 알면서도 그들을 선택했다. 그들이 다른 나라들보다 더 위대하거나 훌륭해서 택한 것이 아니라 다만 내가 그들을 사랑했기에 택한 것이다. 그들을 향해 어떤 비난을 하더라도 그로 인해 내가 은혜로써 목표한 일을 좌절시키지는 못할 것이다. 그야말로 불에서 그슬린 나무를 꺼내는 것과 같지 아니하냐?"

하나님과 멀어진 제자에게 이보다 위안을 주는 말씀은 없다. 아직도 죄의 무게로 낙심에 빠진 사람이 있다면 모든 것을 아시는 하나님이 창세전부터 자신을 택했다는 사실을 잊지 말기 바란다_{엡 1:4}.

하나님은 우리의 죄를 새삼스럽게 생각하지 않으시지만 가슴 아파하신다. 그리고 그분의 사랑을 막을 수는 없다. 우리를 향한 모든 비난과 고소는 십자가에서 무마되었다. 예수님은 고발자를 꾸짖고 침묵하게 만드실 수 있다. 우리는 불에서 건져 낸 그슬린 나무에 불과하지만 여전히 하나님은 우리의 삶에 선한 계획을 갖고 계시다. 여호수아에게 그랬던 것처럼….

여호수아에게는 악랄하고 적의에 찬 고발자가 있었지만 그와 함께 전능한 변호사도 있었다는 점이 우리를 안심시킨다. 다만 고발자의 비난에는 귀를 기울이면서 변호사의 확신에 찬 목소리에는 귀를 기울이지 않는 우리 자신을 돌아볼 일이다.

고발자의 비난이 들린다.

내가 했던 악행들, 나도 잘 안다.

아니, 그보다 수천 가지는 더 있다.

그 중 한 가지도 여호와는 찾아내지 않으신다.

재임명하시는 하나님

여호수아는 다음의 네 가지 과정을 거쳐 하나님으로부터 재신임되었고 제사장직에 복직되었다.

여호수아는 정결케 되었다. "그 더러운 옷을 벗기라" 슥 3:4.

이 말씀은 옆에서 구경하는 사람들을 향해 하신 말씀이었다. 물론 여기에서 옷은 우리가 입고 있는 성품을 뜻한다. 더러운 옷은 우리 성품의 더러움과 죄를 상징한다. 하나님은 우리의 죄와 더러움이 없어지기까지 절대로 쉬지 아니하실 것이며 우리 삶을 계속해서 흔들어 놓으실 것이다. 우리는 그 사실을 기뻐해야 한다.

정결치 못하면 들어오지 못하리.

하나님이 영광 중에 다스리실 때

지극히 순결한 그분의 눈이

더러움과 얼룩을 용납지 않으리.

_ J. 니콜슨 J. Nicholson

입던 옷에 새 옷을 덧입는 것으로는 충분하지 못하다. 속에는 여전히 더러운 옷이 남아 있기 때문이다. 모든 죄와 합당치 못한 것들은 제거해야 한다. 사도 바울과 베드로 모두 "옛사람을 벗어버리라"고 입을 모았다. 옛 사람이란 우리가 첫 번째 아담으로부터 물려받은 본성을 의미한다. 옛 사람을 벗어버리는 일은 우리의 의지에 달려 있다. 즉 의지적으로 결단을 내려 옛 행위를 끊어야 한다. 우리는 절대 더러운 옷을 입고 성숙할 수 없다. 그것을 벗어야 한다. 반드시 오랜 시간과 과정을 거쳐야만 가능한 일이 아니다. 한 순간에 영원히 끊어버릴 수도 있다. 각오를 단단히 하고 "나는 이 못된 버릇을 끊겠다, 잘못된 행위를 고치겠다, 부정한 관계를 청산하겠다"고 마음먹으라. 그런 마음을 먹으면 성령께서 힘을 주시고 그 일이 가능하도록 도우실 것이다.

여호수아는 아름다운 옷을 입었다. "또 여호수아에게 이르시되 내가 네 죄악을 제거하여 버렸으니 네게 아름다운 옷을 입히리라 하시기로" 슥 3:4.

정결케 되는 일은 옷을 입혀 주기 위한 전주곡이었다. 괴로운 심정으로 하나님 앞에 서 있는 여호수아에게 이 말씀은 얼마나 가슴 벅찬 말씀이었을까? 주님을 섬기기에 부적합한 모든 것을 제거해 주신다니!

위의 말씀에 나오는 아름다운 옷은 축제 기간에 대제사장이 입는 축제용 의복을 뜻한다. 더러운 옷을 벗기고 정결케 한 것은 부정적인 면을 다룬 것이다. 부정적 요소를 제거하신 하나님은 이제 영광스러운 것으로 대체하셨다. 그것은 아름다운 축제 의상이었다.

아우구스티누스는 신앙심 깊은 어머니의 눈물과 기도에도 불구하고 젊은 시절을 죄에 빠져 방탕하게 생활했다. 어느 날 그는 '성경을 읽으라'는 음성을 듣고 자신의 성경책을 가져다가 다음의 말씀을 읽게 되었다. "낮에와 같이 단정히 행하고 방탕하거나 술 취하지 말며 음란하거나 호색하지 말며 다투거나 시기하지 말고 오직 주 예수 그리스도로 옷 입고 정욕을 위하여 육신의 일을 도모하지 말라"롬 13:13-14.

그 말씀은 강하게 아우구스티누스의 폐부를 찔렀고 그는 혼자서 이렇게 중얼거렸다. "나는 지금까지 육신의 정욕에만 사로잡혀 살았다. 이제 하나님이 주 예수 그리스도로 옷 입으라고 하시는 거구나." 그는 굳은 결단을 내리고 예수 그리스도를 자기 삶의 중심에 모셔 들였다. 그때부터 아우구스티누스의 삶은 완전히 달라졌다. 한때의 방탕아가 위대한 기독교 지도자로 거듭난 것이다.

하나님의 아름다운 옷이 우리를 기다리고 있다. 더러운 옷을 의지적으로 벗기만 한다면 그 옷은 우리 것이다. 예수님은 날마다, 순간마다 우리에게 필요한 것을 공급해 주시는 분이다.

> 필요한 모든 것 주 안에서 충분히 채워지니
> 어떤 소망도 그분이 이루지 못할 것 없네.
> 어떤 짐도 그분의 사랑이 짊어지지 못할 것 없네.
> 어떤 폭풍도 그분이 잠재우지 못할 것 없네.
> _ J. 스튜어트 홀든 J. Stuart Holden

여호수아는 관을 썼다. "내가 말하되 정결한 관을 그의 머리에 씌우소서"슥 3:5.

이때까지만 해도 스가랴는 옆에서 바라보는 구경꾼에 불과했다. 그러나 여호수아가 정결케 되고 아름다운 옷을 입는 것을 보고는 기쁨에 못 이겨 "정결한 관을 그의 머리에 씌우소서!"라고 큰 소리로 외쳤다. 정결한 관이란 대제사장이 머리에 쓰는 관을 의미했다. 그 관에는 '여호와께 성결'이라는 글이 새겨져 있는 순금 패가 매어져 있었다. 제사장에게 기름을 부을 때에도 바로 이 관 위에 부었다. "곧 정결한 관을 그 머리에 씌우며"5절. 복직은 마무리되었다. 여호수아는 다시 한 번 대제사장의 권위를 행사하게 되었다.

여호수아는 재임명을 받았다. "여호와의 천사가 여호수아에게 증언하여 이르되 만군의 여호와의 말씀에 네가 만일 내 도를 행하며 내 규례를 지키면 네가 내 집을 다스릴 것이요 내 뜰을 지킬 것이며 내가 또 너로 여기 섰는 자들 가운데에 왕래하게 하리라"슥 3:6-7.

하나님은 그분 자신이 해야 할 몫을 은혜롭게 마치셨다. 이제 남은 일은 여호수아가 그것을 받아들이고 자신에게 주어진 특권을 행사하며 그분의 뜻대로 사는 일이다. 신약의 표현으로 하자면 '성령으로 행하는 일'이다.

여호수아는 재임명만이 아니라 전에 누리지 못했던 새로운 특권마저 부여 받았다. 하나님의 존전에 곧바로 들어갈 수 있는, 즉 전능자와 함께 이야기할 수 있는 감격적인 허락을 받은 것이다.

묵상을 · 위한 · 질문

1. 스가랴의 환상 중에서 당신이 체험했던 것과 동일한 일이 있는가?

2. 당신은 제사장직을 잘 수행한다고 생각하는가?

3. "하나님의 아름다운 옷이 우리를 기다리고 있다"는 저자의 말에 공감하는가? 그 이유는 무엇인가?

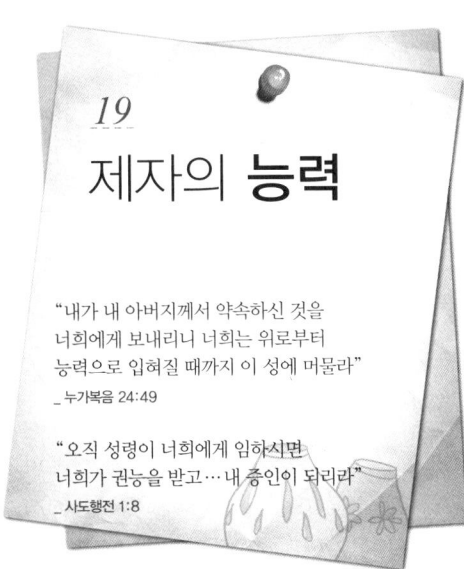

19 제자의 **능력**

"내가 내 아버지께서 약속하신 것을 너희에게 보내리니 너희는 위로부터 능력으로 입혀질 때까지 이 성에 머물라"
_ 누가복음 24:49

"오직 성령이 너희에게 임하시면 너희가 권능을 받고…내 증인이 되리라"
_ 사도행전 1:8

하늘로 승천하시기 전 예수님은 제자들에게 성령의 능력을 받기까지 공적인 사역을 자제하라고 당부하셨다. 예수님이 먼저 그에 대한 본을 보이셨다. 그분은 거룩한 삶을 사셨지만 성령을 받으신 후에야 공생애를 시작하셨다. "예수께서 세례를 받으시고…하늘이 열리고 하나님의 성령이 비둘기 같이 내려 자기 위에 임하심을 보시더니"마 3:16.

제자들은 예수님의 말씀에 순종했고 오순절 날 드디어 그들에게 성령이 임하셨다. "그들이 다 성령의 충만함을 받고"행 2:4. 전에는 제자들의 전도에 큰 열매가 없었지만 성령이 임한 후에 그들은 '세상을 뒤흔드는 사람들'이라는 소리까지 들었다. 성령의 어마어마한 능력이 그들의 사역에 변화를 몰고 왔고 영향력을 배가시킨 것이다.

요즘에는 성령의 역사에 대한 의견이 분분하다. 참 제자의 증거는 사랑이라고 하신 예수님의 말씀을 제쳐 두고 한쪽으로 치우친 편견을 가지기가 쉽다. 우리는 언제나 진실을 말해야 하지만, 사랑 안에서 그 진실을 이야기해야 한다엡 4:15.

성령은 감정적 체험만으로 임하시는 분이 아니다. 사람의 의지를 초월하는 신비로운 존재도 아니고, 전기와 같이 인간이 이용할 수 있는 물리적 힘도 아니다. 성령은 삼위 하나님의 한 분이시고, 성부 하나님과 성자 하나님과 동일한 능력과 권위가 있으신 분이며 사랑과 예배와 순종을 받으셔야 할 분이다.

성령의 임재는 신앙의 엘리트 집단이나 성숙한 그리스도인들만 누릴 수 있는 영적 호사로 여기고 성령의 체험이 없는 신자는 열등한 신자인 것처럼 생각하는 사람들이 있다. 하지만 이는 대단한 착각이다. 예수님의 가르침은 오히려 정반대였다. 자, 다음의 말씀을 주목해 보라.

"너희 중에 아버지 된 자로서 누가 아들이 생선을 달라 하는데 생선 대신에 뱀을 주며 알을 달라 하는데 전갈을 주겠느냐 너희가 악할지라도 좋은 것을 자식에게 줄 줄 알거든 하물며 너희 하늘 아버지께서 구하는 자에게 성령을 주시지 않겠느냐 하시니라"눅 11:11-13.

마태복음에는 "너희 중에 누가 아들이 떡을 달라 하는데 돌을 주며"라는 말씀을 덧붙였다마 7:9.

성령의 특성과 사역을 이야기하시면서 우리 주님은 중동의 호사스런 생활이 아니라 날마다 중동 가정의 식탁에 오르는 떡실제는 빵-역주, 생선, 달걀을 예로 드셨다. 고기는 너무 비싸서 보통 가정은 사먹을 엄두를 내지 못했다.

따라서 예수님이 말씀하시는 요점은 성령이 신앙의 엘리트 집단을 위한 특별한 무엇이 아니라 떡과 생선과 달걀처럼 모든 그리스도인들의 삶에 필수 불가결한 요소라는 것이다.

사도 바울과 에베소 장로들과의 대화에서도 동일한 진리를 엿볼 수 있다. 바울은 에베소 교인들의 신앙에 중요한 것이 빠졌음을 감지하고 이렇게 물었다. "너희가 믿을 때에 성령을 받았느냐 이르되 아니라 우리는 성령이 계심도 듣지 못하였노라"행 19:2.

바울은 그들이 모르고 있는 부분을 자세히 설명한 후에 손을 얹고 기도했다. 그랬더니 "성령이 그들에게 임하"셨다행 19:6. 성령은 오순절 날에 이미 모든 교회에 임하셨다. 하지만 에베소 장로들은 그 사실을 알지 못했기에 성령이 주시는 은사를 받지 못한 것이다. 성령을 알지도 못했다는 사실이 에베소 교인들의 빈약한 사역 이유를 나름 설명해 주는 듯하다.

성령으로 충만하라

성령으로 충만해지라는 명령엡 5:18은 특별히 거룩한 성자나 신앙생활을 오래 한 사람에게만 해당하는 명령이 아니다. 떡, 생선, 달걀 같은 음식이 어른들만이 아니라 아이들도 먹을 수 있는 것처럼 그리스도의 제

241

자는 어떤 단계에 있더라도 반드시 성령의 은혜로운 역사가 필요하다. 제대로 신앙인의 삶을 살기 위해서는 성령으로 충만해져야 한다. 하나님은 자녀들에게 기본적인 것만 겨우 주시는 분이 아니라 무한한 복의 샘을 활짝 열어 두시는 분이다.

에베소서 5장 18절에 나오는 동사의 시제가 현재 진행형이라는 점이 그 의미를 더욱 분명히 해 준다. 예수님의 예언도 마찬가지다. "누구든지 목마르거든 내게로 와서 마시라 나를 믿는 자는 성경에 이름과 같이 그 배에서 생수의 강이 흘러나오리라 하시니 이는 그를 믿는 자들이 받을 성령을 가리켜 말씀하신 것이라"요 7:37-39.

성령으로 '충만함을 받는다'는 말은 구체적으로 무슨 뜻인가? 우리는 무언가 들어와서 채워지기를 바라는 수동적 존재가 아니다. 그러므로 그 의미는 역동적 생명체로서 성령의 다스리심과 인도를 받는 존재라는 뜻이다. 에베소서 5장 18절에 있는 "성령으로 충만함을 받으라"는, "술 취하지 말라"는 말씀에 대응하는 구절이다. 즉 '술의 영에게 지배를 받아 뒤죽박죽된 삶을 살지 말고 성령의 지배를 받아 그분의 다스림 속에 살아가라'는 말이다.

'충만함'이라는 단어는 다른 구절에서 슬픔이나 두려움에 가득 찬다는 의미로 사용되었다. 슬픔이나 두려움은 우리의 행동과 태도를 강하게 지배하는 감정들이다. 따라서 우리가 성령으로 채워지면 우리의 성품은 자발적으로 성령의 지배에 순응하게 된다.

예수님의 열두 제자들은 3년이 넘도록 인류 최고의 스승과 동고동락하며 가르침을 받았다. 하지만 그들의 삶은 능력과 성공보다는 약점과 실패로 점철되었다. 결국 오순절이 상황을 완전히 바꿔 놓았다. 그들은 성령으로 충만해졌던 것이다. 부활 후에 예수님은 그들의 결점이 보완될 것이라고 말씀하셨다.

권능에 대한 약속

"오직 성령이 너희에게 임하시면 너희가 권능을 받고 예루살렘과 온 유대와 사마리아와 땅 끝까지 이르러 내 증인이 되리라"행 1:8.

권력은 인간 본성에 내재된 욕구다. 욕구 자체는 나쁜 것이 아니지만 그 동기는 철저하게 따져봐야 한다. 권력이 늘 복이 되는 것은 아니다. 히틀러도 권력을 손에 쥐었지만 순수한 동기가 아니라 불순한 동기였기 때문에 전 세계를 엄청난 혼란 속으로 몰아넣었다. 사탄도 권력을 가졌다. 하지만 그는 파괴하고 멸망시키는 데 자신의 권력을 사용한다.

성경에는 두 가지 단어가 '권력'으로 사용되었다. '엑소시아'라는 헬라어는 '권위'를 뜻하고 '두나미스'라는 헬라어는 '능력, 힘, 에너지'를 뜻한다. 주님이 제자들에게 약속하신 것은 바로 '두나미스'였다. 단순히 지적 능력이나 정치적 권력이나 말의 힘을 의미하는 게 아니라 성령을 통해 곧장 하나님으로부터 오는 능력을 의미했다. 그것은 삶을 획기적으로 바꾸어 놓고 하나님을 섬길 수 있도록 힘을 부여하는 능력이었다.

제자들이 성령을 받은 후에 어떻게 변했는지를 생각해 보라. 그들은 주님이 가장 필요로 하는 시간에 모두 주님을 버리고 도망했지만 오순절 이후에는 권능이 충만한 자들이 되어 담대히 주님의 말씀을 전하게 되었다.

자연세계에는 힘의 법칙이 지배한다. 법칙에 순응하면 도움을 받지만 법칙을 거스르면 파멸을 맞는다.

성령은 모든 능력 중에서 가장 막강한 능력이며 그 능력 역시 힘의 법칙에 지배받는다. 그분의 능력에 순종하면 도움을 받지만 그렇지 않으면 능력은 사라진다. 베드로도 이점을 강조했다. "하나님이 자기에게 순종하는 사람들에게 주신 성령도 그러하니라"행 5:32.

오순절 전에는 사도들의 전도가 큰 영향을 미치지 못했다. 그러나 오순절의 변화를 체험한 뒤에는 그들의 말에 강력한 힘이 있었다.

오순절 설교를 했던 베드로는 그런 힘 있는 설교 덕분에 "그들이 이 말을 듣고 마음에 찔려 베드로와 다른 사도들에게 물어 이르되 형제들아 우리가 어찌할꼬"라는 뜨거운 반응을 불러일으켰다.

사람들의 양심을 찌르고 회개시킨 점에서 베드로의 말은 확실히 이전과 달랐다. 성령의 다스리심을 받는 사람의 말은 듣는 사람들의 마음을 움직이고 성령의 다스리심을 받지 않는 사람의 말은 그런 영향력을 발휘하지 못한다. 그 차이는 성령의 기름 부으심이 있느냐 없느냐이다.

오순절 이후 보여 준 사도들의 행적과 사역을 통해 성령 충만한 사람에게서 반드시 나타나는 몇 가지 요소들을 추정할 수 있다. 사도들의 예를 통해 성령 충만함의 전형을 짚어보겠다. 오순절 이후, 사도들은…

예수님이 함께하신다는 사실을 새롭게 인식했다. 그들은 마치 예수님이 코앞에 계신 것처럼 말하고 전도했다. 경전을 읊조리는 게 아니라 정말로 살아 있는 한 사람을 소개하는 듯했다.

예수님의 성품을 닮아갔다. 성령의 역사로 말미암아 사도들은 "그와 같은 형상으로 변화"되어 갔다 고후 3:18.

예수님의 능력을 더 깊이 체험했다. 전에는 능력을 갈구해도 갖지 못했지만 성령의 뜻에 순종하면서 그들에게는 능력이 주어졌다. 한때 그들은 "우리는 어찌하여 쫓아내지 못하였나이까?" 마 17:19 라고 묻던 사람들이었다. 그러나 이제는 "천하를 어지럽게 하던 이 사람들이 여기도 이르매" 행 17:6 라는 말을 듣게 되었다.

어떤 학자는 재미있는 사실을 지적하기도 했다. 오순절 이전에 다락방을 빌려서 신앙집회를 가졌던 그들이 오순절 이후에는 거리로 나가서 주님을 증거 하기 시작했다는 것이다. 성령의 은사가 다양하듯이 성령께서 각자의 삶에 역사하시는 방법과 시간도 모두 다르다. 성령을 받은 후에 어떤 사람은 불신자를 전도하고픈 열정이 생기고, 어떤 사람은 하나님의 말씀을 더 깊이 알고 싶어 하고, 어떤 사람은 사회문제에 관심이 커진다. 하지만 모두가 한 성령께서 역사하신 결과다.

사회에 대한 관심

우리는 성령의 역사를 기독교 사역하고만 연관지으려는 경향이 있다.

그러나 사도행전을 자세히 살펴보면 사도들이 부딪쳤던 사회문제나 인종문제를 비롯해 성직자 임용과 경제적 문제에도 성령이 개입하셨던 것을 볼 수 있다.

예수님은 성령의 능력과 기름 부으심을 강조했는데 그것은 전도 사역만이 아니라 사회봉사를 위해서이기도 했다 행 10:38. 가족을 섬기든, 직장과 지역사회를 섬기든, 교회 사역과 마찬가지로 성령의 능력이 필요하다.

오순절에 성령을 받았던 *120*명의 제자들 대부분은 성경에 더 이상 언급되어 있지 않다. 분명 집으로 돌아가서 평범한 생활을 하며 신앙생활을 잘했을 것이다. 하나님은 사람들 눈에 두드러지지 않은 일꾼들에게도 상급을 주시겠다고 약속하셨다.

스데반 집사는 예루살렘 교회의 헬라파 유대인 과부들을 대상으로 구제 사역을 감독하는 사람 중 한 명이었다. 사도들은 그 사역이 바람직하고 필요한 사역이라 생각해서 유능한 교인들에게 전적인 책임을 맡겼다. 구제 사역이 보잘것없는 육체노동이라고 생각해서 맡긴 것이 아니라 말씀과 기도사역이 사도들의 *1*차적 책임이라고 생각했기 때문이었다. 즉 가난한 사람들을 돌보는 일은 그 일에 적합한 은사를 가진 사람들에게 맡기고 사도들은 그들만이 해야 할 소임을 다하려는 것이었다.

그들이 구제 사역자로서 필요한 자격요건으로 내세웠던 것이 "성령과 지혜가 충만하여 칭찬받는 사람"이었다 행 6:3. 스데반 집사는 성실하게 구제 사역에서 봉사한 끝에 이스라엘 사람들에게 권위 있는 설교를 할 수 있는 길이 열렸고 결국은 순교로써 신앙의 위대한 마침표를 찍게 되었다. 성령의 중요한 역사 중 하나가 제자들을 준비시켜서 그리스도의 몸을 효과적으로 섬기게 하는 것이다.

신약에는 굉장한 복을 약속한 구절들이 있다. 하나님의 성품을 생각할 때 그 약속은 어쩌면 지극히 당연한 이야기로 들린다. "너희가 악할지라도 좋은 것을 자식에게 줄 줄 알거든 하물며 너희 하늘 아버지께서 구하는 자에게 성령 the Holy Spirit 을 주시기 않겠느냐"눅 11:13.

H. B. 스웨트H. B. Swete라는 신학자는 다음과 같은 사실을 지적했다. 헬라어에서 "*the Holy Spirit*"이라고 정관사를 붙였을 경우에 성령은 인격이신 '성령 하나님'을 의미하는 것이고 정관사가 없이 그냥 "*Holy Spirit*"이라고 했을 때에는 '성령의 역사와 사역'을 의미한다고 했다.

따라서 누가복음 11장 13절에서 언급된 성령은 인격이신 성령 하나님이 아니라 성령의 역사를 말한다. 즉, 하나님의 뜻을 행하고 사명을 감당하기 위해 성령의 역사를 구하라고 예수님이 제자들에게 말씀하신 것이다.

자신의 결점과 부족함을 뼈저리게 느끼고 있던 제자들에게 이보다 더 반가운 소식이 어디 있었겠는가?

당신은 어떤 면에서 성령의 역사가 필요한가? 지혜, 능력, 사랑, 정결함, 인내, 자제력 중 무엇이 당신에게 필요한가? 하나님 아버지는 구하는 자에게 얼마나 기꺼이 성령의 역사를 허락하시겠는가?

묵상을 · 위한 · 질문

1. 당신은 어떤 영역에서 성령의 역사로 계속 채워지기를 바라는가?

2. 성령의 능력과 기름 부으심이 필요하다고 생각하는 이유는 무엇인가?

3. 당신은 사회 문제와 구제 사역에 대해 어떤 관점을 갖고 있는가?

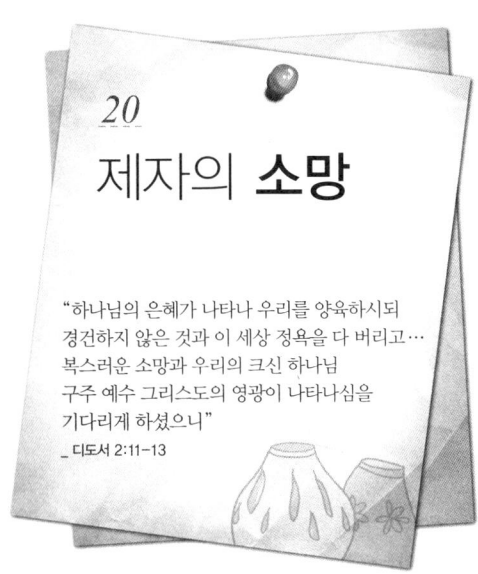

20 제자의 소망

"하나님의 은혜가 나타나 우리를 양육하시되 경건하지 않은 것과 이 세상 정욕을 다 버리고… 복스러운 소망과 우리의 크신 하나님 구주 예수 그리스도의 영광이 나타나심을 기다리게 하셨으니"
_ 디도서 2:11-13

우리가 지금 마지막 시대를 살고 있다는 데에 이의를 제기할 사람은 많지 않을 것이라고 생각한다. 단순히 모든 게 끝났다는 의미의 마지막이 아니다. 말세라는 이야기는 목적한 바가 가시적으로 달성되었음을 뜻한다.

신약에 보면 인류 역사의 마지막에 그리스도께서 궁극적인 승리를 거둘 것이라고 거듭해서 강조하고 있다. 그렇다고 세계사의 됭케르크제2차 세계대전 때 독일군의 공격을 받던 영국군과 프랑스군이 기적적으로 철수한 곳-역주 가 되어 우리 시대만이 특별 구조를 받는다는 이야기가 아니다. 다만 우리의 영광스런 주 예수님이 전 세계를 완전히 정복하고 다스리는 때가 임박했다는 이야기다.

예수 그리스도의 제자에게 '복스러운 소망'은 휴거가 아니다. 물론 휴거도 좋겠지만 "구주 예수 그리스도의 영광이 나타나심"이 가장 복스러운 소망이다. 인간은 항상 자기중심적이기 때문에 말세에 대한 이야기를 들어도 그것이 나와 어떤 상관이 있는지를 먼저 따지고 주님에게 어떤 의미가 있는지는 별로 생각하지 않는다. 심지어 신자들이 부르는 찬양도 어떤 것은 매우 자기중심적이다.

오, 그것은 내게 영광일세.
내게 영광일세, 내게 영광일세.

예수님이 왕의 왕과 주의 주로서 면류관을 쓰실 때, 전 세계 피조물이 그 사실을 인정할 때가 세상의 종말이다. 제자들은 바로 그 영광스러운 순간을 바라보며 달려가야 한다.

그리스도 재림의 증거

이 세대는 전 세계를 향한 예언의 극적인 성취를 맛보는 독특한 세대다. 예수님의 재림이 가까워졌음을 보여 주는 많은 증거들이 우리 눈앞에 있기 때문이다.

전도의 증거. "이 천국 복음이 모든 민족에게 증언되기 위하여 온 세상에 전파되리니 그제야 끝이 오리라"마 24:14.

이 예언은 그 어느 때보다 우리 시대에 성취를 목전에 두고 있다. 국가들만 놓고 본다면 이제 복음이 들어가지 않은 국가는 거의 없다. 하지만 아직도 예수님이 오시지 않는 것을 보면 이 예언이 아직은 완전히 성취되지 못한 듯하다.

종교적 증거. "먼저 배교하는 일이 있고 저 불법의 사람 곧 멸망의 아들이 나타나기 전에는 그 날이 이르지 아니하리니"살후 2:3.

안타깝게도 그와 같은 일이 전 세계 곳곳에서 일어나고 있다. 예수님이 예언하신 것처럼 많은 사람들의 사랑이 차갑게 식고 있다마 24:12. 그러나 전 세계 수많은 곳에서 유례없는 영혼의 추수가 이루어지는 것도 사실이다. 그러므로 좌절해서는 안 된다.

정치적 증거. 현재의 세계정세만큼 누가복음 *21장 25-26절*에 나오는 예수님의 말씀과 정확하게 맞아떨어졌던 때가 있었는가? "일월성신에는 징조가 있겠고 땅에서는 민족들이 바다와 파도의 성난 소리로 인하여 혼란한 중에 곤고하리라 사람들이 이 세상에 임할 일을 생각하고 무서워하므로 기절하리니"

유대인의 증거. "예루살렘은 이방인의 때가 차기까지 이방인들에게 밟히리라"눅 21:24.

예수님은 제자들이 재림의 선구자 역할을 하게 될 것이라고 하시면서 그에 대한 폭넓고 일반적인 증거들을 말씀하셨다. 그 중 많은 증거들이 우리 시대에 성취되었다. *2,500년* 만에 처음으로 예루살렘은 이방인의 지배를 받지 않고 있다.

예수님이 하나님의 아들이라는 증거를 대라고 요구했던 바리새인들을 향해 예수님은 신랄한 풍자로 그들의 무지를 비난하셨다.

"너희가 저녁에 하늘이 붉으면 날이 좋겠다 하고 아침에 하늘이 붉고 흐리면 오늘은 날이 궂겠다 하나니 너희가 날씨는 분별할 줄 알면서 시대의 표적은 분별할 수 없느냐"마 16:2-3.

예수님의 재림에 대해 우리가 어떤 견해와 신학을 지지하든 간에 재림이 임박했다는 여러 가지 증거를 제대로 분별할 줄 모른다면 우리도 주님으로부터 같은 책망을 받게 될 것이다. 역사는 빠르게 흘러가고 있다. 단순한 격변이 아니라 '그 날'이 오고 있는 것이다.

그리스도의 재림의 조건

아직 예수님이 재림하지 않았다는 것은 교회가 "모든 민족으로 제자를 삼으라"는 명령을 완수하지 못했다는 증거다. 재림의 시기가 정해지지 않았다고 해서 의욕이 꺾일 게 아니라 오히려 더 긴장을 하고 열심히 일해야 한다. 하나님의 지혜는 자녀들의 협조로 목적을 성취하는 방법을 선택하셨다.

앞에서도 언급했듯이 예수님은 모든 민족에게 복음이 전해지는마 24:14 여부에 따라 재림하겠다고 하셨다. 이제 제자의 사명과 책임이 무엇인지는 명확해진 것이다. 베드로는 다음과 같이 이야기했다.

"그러나 주의 날이 도둑 같이 오리니 그 날에는 하늘이 큰 소리로 떠나

가고 물질이 뜨거운 불에 풀어지고…이 모든 것이 이렇게 풀어지리니 너희가 어떠한 사람이 되어야 마땅하냐 거룩한 행실과 경건함으로 **하나님의 날이 임하기를** 바라보고 간절히 사모하라"벧후 3:10-12상.

"하나님의 날이 임하기를 바라본다"는 구절을 어떤 성경본은 "하나님의 나라가 빨리 임하도록 일한다"라고 번역했다. 예수님의 재림이 늦어지는 것은 그분의 책임이 아니다. 베드로는 "주의 약속은 어떤 이들이 더디다고 생각하는 것같이 더딘 것이 아니라"벧후 3:9고 말했다. 결국 예수님의 재림이 늦어지는 것은 교회가 지상대명령을 제대로 수행하지 못한 탓이다.

예수님의 재림 시기가 예정되지 않았기 때문에 지상대명령을 교회가 더 빨리 수행한다고 그분의 재림이 앞당겨지지 않는다는 의미로 베드로후서 3장의 말씀을 해석하기도 한다. 그러나 그 반대의 이론도 성립된다. 우리가 불순종하면 그분의 재림은 그만큼 늦어진다.

예수 그리스도의 재림 시기는 세 가지 사실과 연관이 있다고 성경은 이야기한다.

그리스도의 신부가 준비되어야 한다. "우리가 즐거워하고 크게 기뻐하며 그에게 영광을 돌리세 어린 양의 혼인 기약이 이르렀고 **그의 아내가 자신을 준비하였으므로** 그에게 빛나고 깨끗한 세마포 옷을 입도록 허락하셨으니 이 세마포 옷은 성도들의 옳은 행실이로다"계 19:7-8.

위의 말씀은 신랑이 돌아온다는 전제하에 신부가 해야 할 일이 무엇인지를 말해 준다. 사도 요한은 그의 첫 번째 서신에서 이와 비슷한 이야기를 했다. "주를 향하여 이 소망을 가진 자마다 그의 깨끗하심과 같이 자기를 깨끗하게 하느니라"요일 3:3.

이 말씀이 다른 의미를 내포한다 하더라도 일단은 교회를 깨끗하고 정결케 한다는 의미임은 의심할 여지가 없다. 중국이 지난 30년간 당했던 고난과 아픔으로 더욱 정결하고 성숙한 교회들이 중국에 세워졌다는 사실을 부인할 사람이 누가 있겠는가? 배부르고 풍족한 서구세계와는 정반대의 현상이 아닐 수 없다.

재림 전에 그리스도의 신부가 완전해져야 한다. 사도 요한이 천국 환상 중에 보았던 셀 수 없는 무리는 전 세계 모든 민족을 망라한 사람들이었다.

"이 일 후에 내가 보니 **각 나라와 족속과 백성과 방언에서** 아무도 능히 셀 수 없는 큰 무리가 나와 흰 옷을 입고 손에 종려 가지를 들고 보좌 앞과 어린 양 앞에 서서"계 7:9.

예수님이 승천하신 뒤부터 성령은 그리스도의 신부를 찾는 일에 열중하고 계시며 감사하게도 우리를 그 일에 동역자로 동참시켜 주셨다. 주님의 신부가 완전해지기까지, 즉 예정된 사람들이 모두 구원을 받기까지 신랑은 오시지 않을 것이다. 건물의 마지막 벽돌이 올라가고, 마지막으로 남은 한 명의 영혼이 구원을 받으면 그때 그분은 오실 것이다.

교회는 맡은 사명을 완수해야 한다. 인류 역사상 지금처럼 사명완수에 근접해 있는 때는 없었다. 사상 처음으로 기독교가 전 세계에 알려졌다고 해도 과언이 아니다. 그렇지만 우리는 다음과 같은 질문을 해 보아야 한다. **"세계 복음화의 과업을 우리 세대에 완수할 수 있을까? 그래서 그리스도 재림의 길을 닦아놓을 수 있을까?"** 우리 이전의 어떤 세대도 이루지 못한 과업이었으니 우리도 예외가 아닌 세대가 될까? 그 대답은 '예'일 수도 있고 '아니오'일 수도 있다고 생각한다. 복음서에서 예수님이 처음으로 교회에 대해 언급하실 때 다음과 같은 희망적인 약속을 해 주셨다. "내가 이 반석 위에 내 교회를 세우리니 음부의 권세가 이기지 못하리라" 마 16:18.

하나님은 뭔가 불가능한 것을 요구해서 자녀들을 괴롭히는 분이 아니다. 존 웨슬리는 이렇게 말했다. "나는 그것이 달성할 수 있는 과업이냐고 묻지 않겠다. 하나님이 명령하신 과업이냐고만 묻겠다." 예수님이 명령하셨기 때문에 지상대명령은 성취 가능한 과업이다. 우리 세대이든, 다음 세대이든 사탄의 견고한 진은 마침내 무너질 것이고 최종 승리를 쟁취할 것이다. 그것을 우리 세대에 이루지 못할 이유도 없다.

역사의 소리에 귀를 기울인다면 세계 복음화는 절대로 불가능해 보이지 않는다.

기원전 *500*년경에 유대인 모르드개는 아하수에로 왕의 조서를 광대한 페르시아 제국의 전 지역에 반포하는 중책을 위임받았다. 전국의 *127*개 지역에 흩어져 사는 모든 유대인들에게 자기 방어 권한을 준다는 조서였다.

"왕의 서기관이 소집되고 모르드개가 시키는 대로 조서를 써서 인도로부터 구스까지의 백이십칠 지방 유다인과 대신과 지방관과 관원에게 전할새 각 지방의 문자와 각 민족의 언어와 유다인의 문자와 언어로 쓰되"
에 8:9.

조서를 받은 역졸들이 얼마나 신속하게 그 명령을 수행했는지를 보라. "왕의 어명이 매우 급하매 역졸이 왕의 일에 쓰는 준마를 타고 빨리 나가고"에 8:14. 당시의 역졸들은 아하수에로 왕의 어명에 그토록 신속하게 최선을 다했건만 왕 중의 왕 예수님이 내리신 명령에 교회는 얼마나 열성적으로 순종하고 있는가?

그때는 지금처럼 자동차도, 비행기도, 인쇄기술도, 우편 서비스도도 없었다. 그럼에도 불구하고 그들은 그 막대한 사명을 단 9개월 만에 완수했다! 그 사실을 염두에 둔다면 우리 세대에 과업달성이 불가능하다고 말할 수는 없을 것이다.

독일의 진젠도르프 백작이 시작한 모라비안 교회에 부흥이 일어났을 때 성도 수는 3백여 명에 불과했다. 진젠도르프 백작이 죽은 뒤, 외국 선교에 대한 인식조차 없던 그 시대에 모라비안 교회는 296명의 선교사를 전 유럽, 아메리카, 아프리카, 그린란드, 서인도 제국에 파견했다. 20년간 모라비안 교회가 파송한 선교사들이 그때까지 개신교회가 2세기에 걸쳐 파송한 선교사들의 숫자를 능가했다.

모라비안 교회에서는 밤낮으로 쉬지 않고 이어지는 연쇄 중보기도가 장장 백 년 동안 계속되었다고 한다.

현대 교회의 사명

하나님은 왜 우리 세대에 그 어느 때보다 눈부신 과학문명의 발전이 이루어지도록 하셨을까? 세계 복음화를 앞당기려는 뜻과 무관하다고 할 수 있을까? 지금 현재 우리가 누리고 있는 모든 혜택들을 과거와 비교해 보라.

- 교통의 혁신적 발달. 비행기의 발달로 전 세계가 하나의 지구촌이 되었다.
- 라디오, 텔레비전 등의 매스 미디어의 발달. 이제 전 세계가 복음을 들을 수 있는 매체를 갖고 있다.
- 언어 소통의 발달. 언어 소통 기술의 발달로 지루한 언어공부의 수고를 덜어주고 있다.
- 초기 선교사들의 수명을 단축했던 건강문제도 많이 해소되었다.
- 교인들이 적극적으로 동참해 주기만 한다면 교회는 그 어느 때보다 풍족한 재정 자원을 보유하고 있다.
- 훈련받고 준비된 인적 자원이 그 어느 때보다 풍부하다.

유명한 기독교 지도자 칼 *F. H.* 헨리 Carl F. H. Henry 는 말하길, 현대는 기독교 사역이 과거 어느 때보다 세계에 영향을 미칠 가능성이 높다고 했다.

주님이 우리에게 맡기신 과업은 성취 가능하다. 기독학생회 IVF 학생들을 움직여 선교 사역에 뛰어들게 했던 구호는 '왕이 오시도록 전도하자'였다. 오늘날에도 그 구호가 부활해야 한다.

우리 세대가 주님의 뜻을 실천하지 못한다면 우리에게는 변명의 여지가 없다. 우리에게 있는 모든 자원과 능력을 총동원해서 세계 선교에 힘을 쏟아야 한다. 초대교회 사도들에게 능력을 부여하여 천하를 뒤흔들었던 성령께서 오늘날에도 역사하고 계시다.

우리 시대 가장 탁월한 선교학자 중 한 명인 랄프 D. 윈터 Ralph D. Winter 박사는 여러 가지 장애 요소에도 불구하고 선교의 장래를 희망적으로 내다보았다. "세계는 지금 사상 최대의 선교 활동을 눈앞에 보고 있다. 그 어느 때보다 유능한 선교사들이 선교 과업의 결정적 역할을 해 낼 것이다. 현대의 윌리엄 캐리 군단은 대부분 젊은이들로 이루어져 있다."

신부가 자신을 준비하지 않았기에 신랑이 더디 오는가? 아니면 신부가 자신에게 주어진 사명을 완수하지 않아서 신랑이 더디 오는가?

묵상을 · 위한 · 질문

1. 누군가 당신의 장래희망이 무엇이냐고 묻는다면 무엇이라 대답하겠는가?

2. 이 장에서 저자는 그리스도의 재림에 대한 증거들을 언급했다. 당신도 그와 같이 생각을 하는가?

3. 이 책이 저술된 후에 재림의 증거가 더욱 확실하다고 믿게 만드는 사건이 일어났는가? 그 사건은 무엇인가?

소그룹
성경공부
안내서

그리스도의 성숙한 제자가 되기 원하는 모든 신앙인들에게 『영적 제자도』는 도움이 될 만한 책이라고 생각한다. 나아가 소그룹을 이루어 함께 이 책을 공부하고 토론한다면 더 큰 유익을 얻을 수 있을 것이다. 이 안내서는 6회의 성경공부로 나뉘어 소그룹에서 각 주제를 토론할 수 있게 하였다. 각각의 성경공부는 다시 3개의 부분으로 나뉘어져 있다.

마음 열기는 소그룹 참가자 전원이 자신의 경험을 이야기하면서 토론을 시작하는 부분이다. 소그룹 시간이 1시간이라면 약 5분 정도를 할애해서 질문에 대답하도록 하라.

중심 토론에서는 이 책의 3-4장씩 나누어 각각의 주요 내용에 초점을 맞추고 핵심이 되는 성경구절도 제시한다. 대체로 40분이나 45분 정도를 할애하면 된다.

적용하기는 소그룹에서 토론한 내용을 실생활에 적용하는 방안을 이야기하는 시간이다. 약 10분에서 15분 정도 각자의 적용 방안을 이야기해 보라.

소그룹 토론에 참여하는 사람들은 소그룹 모임에 오기 전에 각 장의 내용을 읽어보고 대답할 내용을 미리 생각해 두면 좋다. 소그룹은 기도로 시작하고 기도로 마치도록 하라.

소그룹 성경공부

1장부터 3장까지 읽고 다음의 질문에 대답하라.

마음 열기

1. 당신에게 배우려는 자세가 있다는 것을 깨달은 때는 언제였는가? 누가 당신의 스승이 되었는가?(예: 친구, 부모, 교사, 코치, 상사 등 그들로부터 배우고 싶은 마음을 갖게 된 이유는 무엇인가?

중심 토론

2. 산상수훈에서 제자도가 무엇인지를 잘 설명해 주는 대목은 어디인가?(*1장*)

3. 산상수훈 중에서 당신에게 가장 의외로 생각되는 부분이나 꺼려지는 내용은 무엇인가?(마 *5:3-12*)

4. 제자는 십자가를 지고 주님을 따라야 한다고 했는데 '십자가를 진다'는 의미는 무엇인가? (*2장*)

5. 제자가 빠지기 쉬운 유혹 세 가지 가족을 사랑함, 세상을 사랑함, 재물을 사랑함 중에서 당신에게 가장 문제가 되는 부분은 무엇인가? (*2장*)

6. 계속해서 말씀 안에 거하는 것이 왜 제자에게 중요한 일인가? (*3장*)

7. '열매가 없는 제자'라는 말 자체가 모순이 되는 이유는 무엇인가? (*3장*)

8. 진정한 제자라면 제자로서의 증거가 나타나야 한다. 그 이유는 무엇인가? (3장)

9. 당신은 제자를 어떤 사람이라고 정의하고 싶은가? 제자도는 무엇인가?

적용하기

10. 당신이 제자로서 부족하다고 느끼는 부분은 어떤 부분인가?

11. 당신은 어떤 동기로 더 나은 제자가 되고 싶은가?

4장부터 6장까지 읽고 다음의 질문에 대답하라.

마음 열기

1. 당신의 사업이 자금 부족으로 어려웠던 때를 기억해 보라. 자금 부족을 겪었던 이유는 무엇이었는가?

중심 토론

2. 당신은 성급한 제자후보생인가, 주저하는 제자후보생인가, 우유부단한 제자후보생인가? (눅 9: 57-62)

3. 당신이 제자가 되지 못하도록 하는 장애 요인들은 무엇이었는가? (*4장*)

4. 예수님이 '나의 구주가 되어 내 삶을 다스리신다'는 말의 뜻은 무엇인가? (5장)

5. 제자가 되는 과정에서 성령은 어떤 도움을 주시는가? (6장)

6. 더 나은 제자가 되기 위해 당신에게 가장 필요한 것은 무엇인가? (6장)

7. 4장에서 6장을 읽고 당신이 가장 크게 깨달은 점은 무엇이었는가?

적용하기

8. 성령께서 당신에게 허락한 것들을 효과적으로 사용하려면 어떻게 해야 하겠는가?

9. 예수님께 더 깊이 헌신하기 위해 당신이 이번 주에 반드시 해야 할 일은 무엇인가?

7장부터 10장까지 읽고 다음의 질문에 대답하라.

마음 열기

1. 당신의 신앙은 어느 한 순간에 부쩍 성장했는가, 아니면 서서히 성장했는가? 사람들은 당신의 신앙에 대해 어떻게 이야기하는가?

중심 토론

2. 그리스도인 중에서 육체적으로 섬기는 일을 싫어하는 사람이 많은 이유는 무엇인가? (7장)

3. 예수님의 섬기시는 모습이 당신에게 관심과 감동을 불러일으키는 이유는 무엇인가? (7장)

4. 야망에 찬 사람은 주로 이기적인 동기를 갖고 있다. 야망이 없거나 적은 제자는 무엇이 문제인가? (8장)

5. 이기적인 야망과 가치 있는 야망의 차이점은 무엇인가?

6. 예수님의 제자들이 향유를 부은 것에 분노했던 이유는 무엇이었는가? (막 14:1-9)

7. 오로지 예수님에 대한 순수한 사랑 때문에 누군가에게 선물을 주거나 선행을 했던 적이 있었는가? 그때가 언제였는가? (9장)

8. 어려운 상황과 유혹이 우리가 성숙하는데 도움을 주는 이유는 무엇인가? (*10장*)

9. 당신은 어떤 습관을 우선적으로 계발해야 하는가?

10. 당신은 다음의 문장을 어떻게 완성하겠는가? "나는 적어도 _____ 만은 반드시 하겠다."

적용하기

11. 더욱 잘 섬기고, 더 깊이 사랑하고, 더 성숙하고, 야망을 가진 제자가 되기 위해 당신은 이번 주에 무엇을 하겠는가?

11장부터 13장까지 읽고 다음의 질문에 대답하라.

마음 열기

1. 당신이 가장 좋아하는 스포츠팀은 어느 팀인가? 당신이 가장 좋아하는 운동선수는 누구인가?

중심 토론

2. "너희도 상을 받도록 이와 같이 달음질하라"는 말씀의 의미는 무엇인가? (*11장*)

3. 육체적 연단과 영적 연단은 어떤 관계가 있는가? (딤전 *4:8*)

4. '만인구원론'이 제자와 교회를 위험에 빠트리는 이유는 무엇인가?

5. 주변에 있는 불신자의 영혼구원 문제를 더욱 민감하게 깨닫기 위해서는 어떻게 해야 하겠는가?(*12장*)

6. 기도할 때 우리 자신의 관심사보다 하나님의 관심사를 더 우선시하기 위해서는 어떻게 해야 하겠는가?(*13장*)

7. 기도로 '씨름을 한다'는 말은 무슨 뜻인가?(*13장*)

8. 왜 하나님은 제자들이 끈질기게 기도하기를 바라시는가? (13장)

9. 기도를 믿는 것과 하나님을 믿는 것은 어떻게 다른가? (13장)

적용하기
10. 당신은 현재의 기도습관에 만족하는가?

11. 지금 현재 당신에게 가장 필요한 신앙훈련은 무엇인가?

소그룹 성경공부

14장부터 16장까지 읽고 다음의 질문에 대답하라.

마음 열기

1. 당신이 무척이나 외롭다고 느꼈을 때가 언제인지 말해 보라. 그때 무엇에 위로를 받았는가?

중심 토론

2. 자신에게 주어진 '권리'를 포기하는 것이 왜 어려운가? (*14장*)

3. 다음의 네 가지 영역에서 당신에게 가장 문제가 되는 영역은 무엇인가?
   식욕, 결혼, 휴식, 돈(*14장*)

4. 돈에 대한 태도가 제자의 영성과 속마음을 드러내는 이유는 무엇인가?(*14장*)

5. 당신은 다음 중 어떤 영역에서 다른 성도들의 본이 되기를 원하는가? 말, 생활, 사랑, 믿음, 성적인 순결(딤전 *4: 12*)

6. 정말로 본이 되려고 행동하는 것과 다른 사람의 눈이 무서워 행동하는 것의 차이를 어떻게 알 수 있는가?

7. 지난 *3*개월간 당신의 삶 속에서 가장 눈에 띄게 발전한 성령의 열매는 무엇이었는가?(갈 *5: 22-23*).

8. 그리스도인이어서 누군가를 더 외롭게 하는 이유는 무엇인가? 그리스도인이어서 누군가를 덜 외롭게 하는 이유는 무엇인가? (*16장*)

9. 외로움을 달래는 방법 중에서 당신에게 가장 도움이 되는 방법은 무엇인가? (*16장*)

적용하기

10. 지금 현재 당신이 절대 포기할 수 없다고 생각하는 한 가지 '권리'는 무엇인가?

11. 다른 성도들의 본보기가 되기 위해서 당신이 이번 주에 반드시 변하고 싶은 한 가지는 무엇인가?

17장부터 20장까지 읽고 다음의 질문에 대답하라.

마음 열기

1. 만일 유명한 도자기 가게에서 도자기 한 개를 무료로 받을 수 있는 이벤트에 당첨되었다면 당신은 어떤 도자기를 선택하겠는가? 그 이유는 무엇인가?

중심 토론

2. 토기장이가 점토를 빚어서 불에 굽는 과정을 생각해 보라. 하나님은 어떤 상황과 사람들을 사용하셔서 당신의 성품과 삶을 빚으셨는가? (17장)

3. 당신의 신앙생활에서 '제2의 기회'를 맞이했던 적은 언제였는가? 당신은 처음의 실수와 실패에서 어떤 것을 배웠는가? (18장)

4. 스가랴가 본 환상에서 여호수아의 더러운 옷은 무엇을 상징하는가? 깨끗한 옷은 무엇을 상징하는가? (*18장*)

5. 만일 제자가 하나님과 멀어지고 신앙이 식었다면 어떻게 다시 회복할 수 있는가? (*18장*)

6. 성령은 제자가 되는 과정과 제자가 사역하는 과정에서 어떻게 힘을 주는가? (*19장*)

7. 인격이신 성령 하나님 the Holy Spirit 과 성령의 능력 Holy Spirit 간의 차이를 구별하는 것이 왜 중요한가? (*19장*)

8. 예수 그리스도의 재림이 임박했다는 사실을 생각할 때 당신을 두렵게 하는 것은 무엇인가? (20장)

9. 예수님의 재림 약속이 당신에게 소망을 주는 이유는 무엇인가? (20장)

10. 제자들이 세계 복음화에 관심을 기울여야 하는 이유는 무엇인가? (20장)

적용하기

11. 당신은 영적 제자도가 무엇이라고 생각하는가?

12. 당신이 더욱 영성 깊은 제자가 되기 위해 가장 절실하게 고치거나 개선해야 할 부분은 무엇이라고 생각하는가?